존 맥스웰의
위대한
영향력

Becoming a Person of Influence:
How to Positively Impact the Lives of Others
by John C. Maxwell and Jim Dornan
Originally published in English by Thomas Nelson, Inc.,
501 Nelson Place, Nashville, TN 37214, USA

Copyright © 1997 by Maxwell Motivation, Inc. and Dornan International, Inc.
All rights reserved.

Korean Translation Copyright © 2010 by The Business Books Publishing
This Korean edition is translated and used
by permission of Thomas Nelson, Inc., Nashville
through arrangement of Maeng2, Seoul.

이 책의 한국어판 저작권은 알맹2 에이전시를 통해
토머스 넬슨 출판사와 독점 계약을 맺은 비즈니스북스에게 있습니다.
저작권법에 의해 국내에서 보호를 받는 저작물이므로 무단 전재와 복제를 금합니다.

마음을 움직이고 사람을 끌어당기는 힘
Becoming A Person of Influence

존 맥스웰의 위대한 영향력

• 존 맥스웰, 짐 도넌 지음 | 정성묵 옮김 •

비즈니스북스

옮긴이 **정성묵**

광운대학교에서 영어영문학을 전공했다. 이후 무역회사에서 통역과 번역 일을 했으며, 현재 전문 번역가로 활동 중이다. 역서로는 《긍정의 힘》, 《어, 하나님 웬일이세요》, 《현실을 직시하라》, 《톰 피터스의 미래를 경영하라》, 《게임 체인저》, 《글로벌 팀장의 조건》, 《목적의 힘》, 《디트리히 본회퍼》 등 다수가 있다.

존 맥스웰의 위대한 영향력

1판 1쇄 발행 2010년 7월 15일
1판 14쇄 발행 2024년 5월 7일

지은이 | 존 맥스웰, 짐 도넌
옮긴이 | 정성묵
발행인 | 홍영태
편집인 | 김미란
발행처 | (주)비즈니스북스
등 록 | 제2000-000225호(2000년 2월 28일)
주 소 | 03991 서울시 마포구 월드컵북로6길 3 이노베이스빌딩 7층
전 화 | (02)338-9449
팩 스 | (02)338-6543
대표메일 | bb@businessbooks.co.kr
홈페이지 | http://www.businessbooks.co.kr
블로그 | http://blog.naver.com/biz_books
페이스북 | thebizbooks
ISBN 978-89-91204-74-3 03320

* 잘못된 책은 구입하신 서점에서 바꾸어 드립니다.
* 책값은 뒤표지에 있습니다.
* 비즈니스북스에 대한 더 많은 정보가 필요하신 분은 홈페이지를 방문해 주시기 바랍니다.

비즈니스북스는 독자 여러분의 소중한 아이디어와 원고 투고를 기다리고 있습니다.
원고가 있으신 분은 ms1@businessbooks.co.kr로 간단한 개요와 취지, 연락처 등을 보내 주세요.

앞으로 20년 후에 당신은
저지른 일보다는 저지르지 않은 일에 더 실망하게 될 것이다.
그러니 밧줄을 풀고 안전한 항구를 벗어나 항해를 떠나라.
돛에 무역풍을 가득 담고, 탐험하고, 꿈꾸며, 발견하라.
– 마크 트웨인(Mark Twain)

Contents

프롤로그 • 8
서문 • 10

제1장 : 매순간 진실하라 • 29
       Integrity with People

제2장 : 믿음과 격려로 양육하라 • 57
       Nurtures Other People

제3장 : 성공할 수 있다는 믿음을 심어주어라 • 91
       Faith in People

제4장 : 타인의 말을 경청하라 • 115
       Listens to People

제5장 : 인정하고 이해하라 • 145
       Understands People

제6장 : 더 크게 성장시켜라 • 173
　　　　　Enlarges People

제7장 : 홀로 설 수 있을 때까지 함께 항해하라 • 201
　　　　　Navigates for Other People

제8장 : 특별한 관계를 맺어라 • 231
　　　　　Connects with People

제9장 : 권한을 부여하라 • 253
　　　　　Empowers People

제10장 : 또다른 리더를 양성하라 • 279
　　　　　Reproduces Other Influencers

참고문헌 • 300

| 프롤로그 |

몇 년 전 처음 만났을 때부터 우리 두 사람은 서로에게 거의 형제와 같은 친근함을 느꼈다. 삶의 배경은 매우 달랐지만 공통점이 정말 많았기 때문이다. 짐 도넌은 지난 30년간 주로 사업가들을 상대로 성공하는 법을 가르쳤다. 그 과정에서 그는 세계적인 기업을 세우게 되었다. 반면 나는 지난 28년간 목사와 교단 임원, 뛰어난 연설가로 비영리 분야에서 활동했다. 그리고 현재는 리더십과 개인 성장에 관한 한 미국 최고의 연설가로 활동하고 있다.

우리의 공통점은 적지 않지만 그 중에서도 특히 중요한 것은 사람에 대해 충분히 이해하고 있을 뿐만 아니라 한 사람의 삶이 다른 사람의 삶에 긍정적인 영향을 미칠 수 있다는 것을 잘 알고 있다는 점이다. 우리는 이 모두를 '영향력'influence이라고 부른다. 나는 영향력에 관한 우리의 지식과 경험을 여러분과 나눌 수 있기를 진심으로 바란다.

　우선 이 책을 선택한 여러분을 환영한다. 이 책은 다양한 인생에 대한 통찰력과 유익하고 흥미진진한 이야기들로 가득 차 있다. 그리고 무엇보다도 여러분의 삶을 바꾸고 더 나아가 여러분 주위의 모든 사람의 삶을 바꾸어 놓을 수 있는 놀라운 지혜가 담겨 있다.

　우리 주위의 영향력 있는 모든 사람들, 특히 적극적인 삶과 경험, 태도를 통해 짐 도넌과 그의 아내 낸시가 영향력 있는 사람이 되는 데 누구보다도 기여한 그들의 아들 에릭 도넌Eric Doman에게 이 책을 바친다.

— 존 맥스웰

| 서문 |

어렸을 적 여러분의 꿈은 무엇이었는가? 유명 배우나 가수가 되고 싶었는가? 아니면 대통령? 어쩌면 올림픽 선수나 세계 최고의 갑부가 꿈이었을지도 모르겠다.

누구나 꿈과 포부를 가지고 있다. 그리고 이미 그 꿈을 어느 정도 이룬 사람도 있을 것이다. 하지만 아무리 큰 성공을 거둔 사람이라도 아직 이루어야 할 꿈과 목표를 가지고 있게 마련이다. 나는 여러분이 그러한 꿈과 잠재력을 꼭 실현하기 바란다.

작은 실험을 하나 해보자. 다음에 열거한 사람들을 보라. 매우 다양한 사람들이지만 한 가지 공통점을 가지고 있다. 그것이 무엇인지 찾아보라.

존 그리샴John Grisham, 조지 갤럽George Gallup, 로버트 리Robert E.

Lee, 데니스 로드맨Dennis Rodman, 제임스 돕슨James Dobson, 댄 래더 Dan Rather, 마돈나Madonna, 제리Jerry와 패티 버몬트Petty Beaumont 부부, 리치 디보스Rich Devos, 테레사 수녀Mother Teresa, 베스 메이어 스Beth Meyers, 파블로 피카소Pablo Picasso, 아돌프 히틀러Adlof Hitler, 타이거 우즈Tiger Woods, 앤서니 보나코지Anthony Bonacoursi, 앨라니 스 모리셋Alanis Morrisette, 글렌 레더우드Glenn Leatherwood, 빌 클린턴 Bill Clinton, 요한 웨슬리John Wesley, 아놀드 슈워제네거Arnold Schwar-zenegger.

공통점을 찾았는가? 분명 직업은 아니다. 작가와 정치인, 스포츠 스타, 예술가, 종교인, 독재자, 배우, 사업가 등 직업은 모두 다르다. 또 남자와 여자가 모두 포함되어 있다. 어떤 사람은 독신이고 어떤 사람은 결혼했다. 나이도 다르고 인종과 국적도 다르다. 유명한 사람도 있고 전혀 들어보지 못한 사람도 있을 것이다.

그렇다면 도대체 이들의 공통점은 무엇일까?

답은 바로 이들은 모두 '영향력 있는 사람들'이라는 점이다.

영향력은 누구나 가지고 있다

위 목록은 유명한 사람과 일상 속에서 만나는 사람을 무작위로 선택해 작성한 것이다. 따라서 어렵지 않게 누구나 이런 목록을 작성할

> 영향력은 단번에 얻을 수 있는 것이 아니다. 조금씩 성장하는 것이다.

수 있다. 이 목록을 작성한 이유는 누구나 영향력을 가지고 있다는 사실을 보여주기 위해서이다. 미국 대통령과 같은 정치인은 미국뿐 아니라 지구상의 수많은 사람들에게 막대한 영향을 미친다. 그런가 하면 마돈나와 아놀드 슈워제네거 같은 연예인은 한 세대에 걸쳐 여러 문화권에 영향을 미친다. 글렌 레더우드처럼 주일학교에서 수백 명의 아이들을 가르치는 교사는 자신이 맡은 아이들뿐 아니라 그 아이들이 자라서 만날 모든 사람들에게 영향을 미칠 수 있다.

하지만 영향력을 발휘하기 위해 꼭 남들이 부러워하는 직업을 가질 필요는 없다. 사실 다른 사람과 함께 살아가는 한 누구나 남에게 영향을 미치기 때문이다. 집, 교회, 일터, 운동장 등에서 하는 모든 행동이 남에게 영향을 준다. 미국의 시인이자 철학자 랄프 왈도 에머슨 Ralph Waldo Emerson은 이렇게 말했다. "모든 사람이 누군가에게 영웅이자 현인이다. 그 누군가에게는 그의 모든 말이 큰 가치를 지닌다."

성공하거나 더 좋은 세상 만들기에 일조하려면 영향력 있는 사람이 되어야 한다. 영향력이 없으면 성공도 없다. 물건을 더 많이 팔고 싶은 세일즈맨이라면 고객에게 영향력을 발휘할 수 있어야 한다. 경영자의 성공은 직원에게 미치는 영향력의 크기에 달려 있다. 코치는 선수에게 영향력을 발휘할 때만이 팀을 승리로 이끌 수 있다. 성도를 많이 모아 교회를 부흥시키려는 목사는 회중의 마음을 사로잡아야 한다. 아름다운 가정을 이루기 위해서는 아이들에게 좋은 영향을 주어야 한다.

> 사람은 누구나 함께 살아가는 누군가에게 영향을 미친다.

중요한 것은 삶의 목표가 무엇이든 영향력 있는 사람이 되면 그 목표를 빠르고도 효과적으로 이룰 수 있으며, 또 그렇게 이룬 업적이 사람들의 기억 속에 더 오래 남는다는 것이다.

미국의 제30대 대통령이었던 캘빈 쿨리지 John Calvin Coolidge 대통령의 집권 당시, 영향력과 관련된 재미있는 에피소드가 있다. 백악관에서 하룻밤 묵은 방문객이 다음날 아침 쿨리지 대통령과 아침 식사를 하다가 문득 대통령에게 뭔가 특별한 인상을 남기고 싶었다.

어떻게 할까 생각하던 방문객은 대통령이 커피를 받침에 붓고 여유있게 설탕과 크림을 섞는 것을 보았다. 순간 기발한 생각이 떠올랐다. 그는 대통령을 따라 받침에 커피를 붓고 설탕과 크림을 섞었다. 그리고 나서 가만히 대통령의 다음 행동을 기다렸다. 그런데 이게 웬일인가? 대통령이 받침을 바닥에 내려놓자 고양이 한 마리가 다가와 커피를 핥는 것이 아닌가? 물론 그 방문객의 다음 행동이 무엇이었는지는 알려지지 않았다.

영향력의 수준은 사람마다 다르다

　영향력은 묘한 특징을 가지고 있다. 누구나 주위의 거의 모든 사람에게 영향을 미치긴 하지만 그 수준은 각기 다르다. 가장 친한 친구의 개에게 명령을 내려 보면 이 점을 느낄 수 있다.

　이 점에 관해 별로 생각해보지 않은 사람이라도 자신에게 큰 영향을 미칠 수 있는 사람과 그렇지 않은 사람이 있다는 것을 본능적으로 알 것이다. 한 예로, 여러분과 함께 일하는 동료 네다섯 사람을 떠올려보라. 여러분이 어떤 제안을 하면 모두 똑같은 반응을 보이는가? 당연히 그렇지 않을 것이다. 여러분이 하는 제안마다 마음에 들어 하는 사람이 있는 반면 회의적으로 바라보는 사람도 있을 것이다.

　여러분은 둘 중 누구에게 영향력을 발휘하고 있는 것인가? 두말할 필요도 없이 첫 번째 사람이다. 그러나 두 번째 사람도 여러분의 상사나 다른 동료가 제시한 모든 아이디어를 마음에 들어 할 수도 있다. 한 마디로, 사람마다 영향력의 강도가 다른 것이다.

　상대방을 대하는 사람들의 태도를 유심히 관찰해보면 상대방의 영향력에 따라 대하는 태도가 다르다는 것을 알 수 있다. 따라서 상대방의 태도를 보면 여러분이 상대방에게 얼마나 많은 영향력을 행사하고 있는지 금세 드러난다. 심지어 집에서도 여러분의 영향력은 여러 수준으로 나뉜다. 여러분이 결혼을 해서 두 명의 아이를 기르고 있다고 가정하고 그 아이들이 여러분에게 어떤 태도를 보이는지 상상해보자. 첫째 아이는 아빠의 말을 잘 듣고 둘째 아이는 엄마의 말을 잘 듣는다면 아빠는 첫째 아이에게, 엄마는 둘째 아이에게 더 큰 영향력을 발휘하고 있는 것이다.

영향력의 단계와 그 강도

나의 책 《리더십의 법칙》Developing the Leader Within You를 읽어본 사람이라면 제1장에 기록된 리더십의 다섯 단계를 기억할 것이다. 그 단계를 그림으로 표현하면 다음과 같다.

이 그림을 천천히 살펴보자. 리더십이 만약 직책에만 의존한다면

가장 낮은 다섯 번째 단계가 된다. 이 단계의 리더십은 타인과 관계를 발전시키면서 더 높은 단계로 이동할 수 있다. 바로 직무 범위 내에서 부하 직원의 리더십을 허용하는 것이다. 이렇게 부하 직원과 더욱 생산적인 방향으로 협력할 때 리더십은 세 번째 단계에 이른다. 그 다음 단계는 부하 직원이 잠재력을 발휘하도록 돕는 리더십이다. 최고 단계의 리더십은 타인이 모든 잠재력을 발휘할 때까지 평생을 바쳐야 하기 때문에 이 단계에 이르는 사람은 극히 드물다.[1]

영향력도 이와 비슷하다. 영향력도 리더십과 마찬가지로 단번에 얻을 수 있는 것이 아니라 단계적으로 성장하는 것이다. 이 단계를 그림으로 표현하면 다음과 같다.

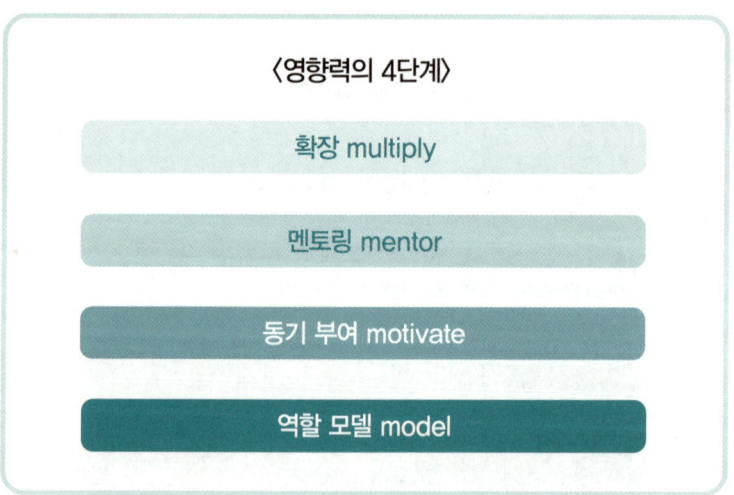

각 단계를 살펴보자.

1단계 : 역할 모델 되기

사람들은 눈으로 보는 것의 영향을 먼저 받는다. 아이를 기르는 엄마라면 이 점을 더욱 절실히 느꼈을 것이다. 엄마가 아이에게 아무리 말을 해도 정작 아이가 받아들이는 것은 엄마의 말이 아니라 행동이다. 대부분의 사람들은 누군가에게 믿고 존경할 만한 자질이 있다고 생각되면 자신의 삶에 영향을 미칠 사람으로 그를 찾는다. 그리고 그를 알면 알수록 더 깊은 신뢰감을 가지고 그의 영향을 더 많이 받는다. 단, 눈에 보이는 그의 행동이 맘에 들 때 말이다.

반대로 모르는 사람을 만나면 처음에는 전혀 영향력을 발휘할 수 없다. 그러나 그가 믿는 누군가가 다리를 놓아주면 잠시 그 사람의 영향력 일부를 '빌릴' 수 있다. 그러면 그는 여러분을 제대로 알기 전까지 여러분을 믿을 만한 사람으로 가정한다. 그리고 시간이 흐를수록 여러분이 어떠한 행동을 보이는지에 따라 그 영향력을 더 높일 수도, 더 잃을 수도 있다.

> 여러분은 역할 모델이 될 수 있다. 하지만 더 높은 수준의 영향력으로 나아가기 위해서는 각 사람과 협력해야 한다.

흥미롭게도 유명인사의 경우는 그렇지 않을 수 있다. 많은 사람이 텔레비전이나 영화 등의 대중매체에서만 보았을 뿐 직접 보지 못한 유명인사로부터 큰 영향을 받는다. 그러한 경우 주로 그 유명인사의 실제 삶이 아니라 대중매체를 통해 보여진 이미지에 영향을 받는데 그 이미지는 배우나 정치인, 스포츠 스타, 연예인의 실제 삶과 다를 수 있다. 그럼에도 많은 사람이 유명인사를 존경한다. 그리고 대중매체에 비치는 그들의 행동과 태도를 그대로 믿고 그 영향을 받는다.

2단계 : 동기 부여하기

좋은 방향으로든 나쁜 방향으로든 역할 모델이 되기만 해도 강력한 영향력을 발휘할 수 있다. 역할 모델이 되면 심지어 멀리 떨어진 사람에게도 영향을 미칠 수 있다. 하지만 상대방의 삶에 진정한 영향을 미치고 싶다면 가까이 다가가야 한다. 바로 두 번째 단계인 동기 부여 단계로 나아가는 것이다.

누군가와 정서적으로 교감을 나누고 용기를 북돋워줄 때 당신은 동기를 부여하는 영향력을 발휘할 수 있다. 이 과정은 다음 두 가지 결과를 낳는다. 첫째, 서로 간에 다리가 놓인다. 둘째, 서로 간에 신뢰가 쌓이고 자신감이 생긴다. 함께 있는 동안 자신과 여러분에 대해 좋은 감정을 가질 때 여러분의 영향력은 매우 커진다.

3단계 : 멘토 되기

상대방에게 동기를 부여하는 단계에 이르면 그 삶에 좋은 영향을 줄 수 있다. 그러나 더 강력하고 오래 가는 영향력을 원한다면 다음 단계인 멘토링으로 나아가야 한다.

멘토링이란 상대방이 잠재력을 발휘할 수 있도록 자신의 삶을 쏟아 상대를 돕는 것이다. 이 멘토링의 힘은 매우 강력해서 눈앞에서 상대방의 삶이 변하는 것을 직접 지켜볼 수 있다. 정열을 쏟아 상대방이 삶의 장애물을 극복하도록 돕고 인격과 직업 등에서 발전할 수 있는 방법을 제시하면 궁극적으로 그의 삶을 바꾸어 놓을 수 있는 것이다.

4단계 : 확장하기

상대방의 삶에 영향력을 미칠 수 있는 가장 높은 단계는 '확장하기'Multiply이다. 확장하기란 상대방이 또 다른 사람의 삶에 좋은 영향을 미치고, 배운 것에 스스로 터득한 것을 보태 전달할 수 있도록 돕는 것이다. 이 네 번째 단계에 이르는 사람은 매우 드물지만 가능성은 모두에게 열려 있다. 이 단계로 나가려면 이기심을 버리고 관용을 가져야 한다. 물론 시간과 노력도 필요하다. 또 사람에 대한 영향력을 높이려면 그 개인에 대한 관심을 가져야 한다. 여러 사람에게 모범이 되는 단계를 넘어 더 높은 단계의 영향력으로 나아가기 위해서는 각 사람과 일일이 협력해야 하는 것이다.

한때 샌디에이고의 스카이라인 교회에서 근무했던 내 친구 빌 웨스타퍼Bill Westafer는 이렇게 말한다. "나는 나도 모르게 누군가의 감정과 행복에 영향을 미칠 수 있다. 나는 그 사실을 절대 잊지 않을 것이다." 우리 모두가 배워야 할 마음가짐이다.

높은 지위에 올라 많은 사람을 거느린 리더는 그 영향력만큼이나 책임도 크다. 리더의 말, 무엇보다도 그의 행동 하나하나가 모방의 대상이 되기 때문이다.

긍정적인 영향과 부정적인 영향이 있다

자신이 누군가에게 영향력을 발휘한다는 사실을 깨달았다면 그것을 어떻게 사용할지 생각해보자. 서문에 실린 영향력 있는 사람 목록에는 프로농구 선수 데니스 로드맨이('코트의 악동'이라 불렸으며, 경기 중 기자나 상대선수를 폭행하는 등 많은 사건, 사고를 낸 것으로 유명한 NBA 농구선수—편집자)이 있다. 데니스 로드맨은 평소 자신은 누군가의 역할 모델이 되고 싶지 않다고 자주 말하곤 했다. 그저 개성 있는 사람이 되길 원했을 뿐이다. 그러나 로드맨은 자신도 모르는 사이에 이미 누군가의 역할 모델이 되어 있었다. 그는 어쩌면 단순히 이 사실을 인정하고 싶지 않았는지도 모르겠다.

어찌 되었든 그런 직업을 가진 사람은 원하든 원하지 않든 역할 모델이 될 수도 있다. 우선 로드맨은 가족과 이웃, 심지어 그가 쇼핑을 즐기는 주변 상가의 이웃들에게까지 모방의 대상이 된다. 그뿐 아니라 그가 선택한 직업 때문에 얼굴도 모르는 수백만 명의 사람들에게 역할 모델이 된다. 만약 그가 자동차 정비공이었다면 이렇게 많은 사람에게 역할 모델이 되지는 않았을 것이다. 그런데 아쉽게도 그는 긍정적인 영향이 아닌 부정적인 영향을 선택했다.

하지만 과거에 남에게 부정적인 영향을 미쳤더라도 마음을 바꾸어 먹고 다시 긍정적인 영향을 미칠 수도 있다. 야구계의 전설 재키 로빈슨Jackie Robinson은 "타인의 삶에 영향을 미치지 않는 삶은 의미가 없다."고 말했다. 로빈슨이 미국인들에게 미친 영향은 참으로 엄청난 것이었다.

1940년대 중반 그는 편견과 인종 차별, 욕설은 물론 생명의 위협을 극복하고 메이저리그에 진출한 최초의 흑인이 되어 존경과 부러움을 한 몸에 받았다. '스포츠 100' The Sports 100 목록을 작성한 브래드 허조그 Brad Herzog는 미국 스포츠 역사상 가장 영향력 있는 인물로 로빈슨을 꼽으면서 다음과 같이 평했다.

"먼저 경기 진행 방식을 바꾸어놓은 인물들이 있다.······ 그 다음으로는 스포츠 세계를 완전히 바꾸어놓은 남녀가 있다.······ 그리고 마지막으로 경기장을 초월해 미국 문화에 영향을 미친 소수의 스포츠 스타들이 있다.······ 그 중 로빈슨은 이 세 가지를 한 몸에, 그것도 누구보다도 많이 갖춘 인물이다."[2]

20세기의 가장 위대한 미국인 중 한 명인 마틴 루터 킹 Martin Luther King, Jr. 목사는 로빈슨이 자신의 삶과 자신이 싸우는 명분에 긍정적인 영향을 미쳤음을 인정했다. 그는 미국 흑인 야구의 선구자 돈 뉴콤 Don Newcombe에게 이렇게 말했다. "내 임무를 마치는데 당신과 재키, 로이 캄파넬라 Roy Campanella가 얼마나 큰 도움을 주었는지 당신은 모를 겁니다."

우리는 가장 가까운 사람들에게 항상 영향을 미치며 살고 있다. 우리는 이 점을 잘 알고 있다. 하지만 그리 가깝지 않은 사람에게 미칠 수 있는 영향력에 대해서는 망각하는 경우가 많다. 아마도 다음 시를 지은 익명의 작가가 이러한 사실을 염두에 두지 않았을까?

오늘이 다 가기 전 나는 또 수십 명의 사람들과 만나겠지.
저녁 해가 저물기 전, 좋고 나쁜 수많은 흔적을 남기겠지.
한결 같은 나의 소망, 한결 같은 나의 기도가 하나 있다오.
주여, 제 삶의 여정에 만나는 다른 삶을 돕게 하소서.

가족이나 동료, 직장상사나 직원들과 부대끼며 살아갈 때 많은 다른 삶과 만난다는 사실을 잊지 말라. 분명한 사실은 누구나 길에서 만나는 낯선 사람보다는 가족에게 더 큰 영향을 미친다는 점이다. 그리고 높은 지위에 있는 사람은 자신도 모르는 사이에 낯선 사람에게도 영향을 미친다. 또한 일상의 평범한 만남 속에서도 누군가에게 영향을 미칠 수 있다. 상점 점원이나 은행 창구 직원과 만나는 짧은 순간을 언짢은 기억으로 만들 수도, 웃는 낯으로 다가가 즐거운 하루로 만들 수도 있다. 그 선택은 전적으로 여러분의 몫이다.

긍정적인 영향을 미치는 사람은 타인에게 가치를 더해준다

더 높은 단계의 영향력으로 나아가 적극적으로 영향력을 발휘하게 되면 타인에게 긍정적인 영향을 주고 그 삶에 가치를 더해주게 된다. 긍정적인 영향을 미치는 사람이라면 누구나 타인의 삶에 가치를 더해줄 수 있다.

예를 들어 보모는 글을 읽어줌으로써 아이가 책을 사랑하고 평생 배움을 즐기는 사람이 되도록 유도한다. 선생님은 신뢰와 사랑을 보냄으로써 아이가 자신의 가치를 깨달을 수 있도록 만든다. 그런가 하면 사장은 책임과 권한을 위임해 직원이 시야를 넓히고 더 나은 일꾼과 인간이 되도록 만든다. 또 언제 어떻게 아이에게 사랑을 베풀어야 하는지 아는 부모는 아이가 심지어 사춘기에도 열린 마음을 갖도록 만든다. 이 모든 사람들이 타인의 삶에 지속적인 가치를 더하는 것이다.

현재 이 책을 읽고 있는 여러분은 타인에게 어떤 영향을 미치고 있는지 알고 있는가?

여러분의 행동은 수천 명의 인생에게 영향을 줄 수도 있고 두세 명의 동료와 가족에게만 영향을 줄 수도 있다. 그러나 몇 명인지는 그렇게 중요하지 않다. 중요한 것은 언제라도 영향력의 수준을 바꿀 수 있다는 점이다. 과거에 남에게 부정적인 영향을 미쳤더라도 긍정적인 영향으로 바꿀 수 있다. 또 지금까지는 영향력의 수준이 낮았다 할지라도 앞으로 수준을 높여 남을 돕는 사람이 될 수도 있다.

바로 이 책이 그 방법을 제시하고 있다. 여러분이 인생의 어느 단계에 있건, 무슨 일을 하고 있건 높은 단계의 영향력을 발휘하는 사람이 되도록 이 책이 도움을 줄 것이다. 다시 한 번 말하지만 여러분은 타인의 삶에 참으로 긍정적인 영향을 미칠 수 있다. 나아가 타인의 삶에 막대한 가치를 더할 수도 있다.

영향력을 주는 사람의 목록을 작성하라

누구나 자신의 삶에 가치를 더해준 사람의 목록을 작성하는 일은 어렵지 않다. 이 책 서문의 도입부에는 우리에게 영향을 준 사람들의 이름이 실려 있다. 그 중 몇몇은 위대한 사람들의 이름이다. 예를 들어 나는 내 삶과 직업에 큰 영향을 미친 사람으로 18세기 전도자 요한 웨슬리John Wesley를 꼽는다. 웨슬리는 역동적인 신앙 지도자이자 설교자였으며 사회비평가였다. 평생 그는 영국과 미국의 기독교 교회를 뒤흔들어 놓았으며, 그의 사상과 가르침은 지금까지도 교회의 역할과 기독교 신앙에 영향을 미치고 있다. 나도 이러한 웨슬리를 사도 바울 이후 가장 위대한 사람으로 여기고 있다.

우리가 가진 목록에는 유명하지는 않지만 높은 수준의 영향력을 발휘한 사람도 있다. 제리와 패티 버몬트 부부가 바로 그 대표적인 사례인데 이들은 나의 동료 짐 도넌과 그 아내 낸시의 삶에 깊은 영향을 끼쳤다. 다음은 그에 관한 이야기이다.

나(짐 도넌)와 낸시가 제리와 패티 부부를 처음 만났던 것은 25년 전이었다. 당시 낸시와 패티는 모두 임신한 상태였다. 제리와 패티 부부는 멋진 커플이었다. 정말 세련되고 자신감이 넘쳐 보였다. 삶을 함께 나누는 그 부부의 모습을 보고 우리는 금세 마음이 끌렸다. 게다가 그 부부는 강한 영적 확신으로 무장해 있었다.

어느 날 낸시와 패티는 산부인과 대기실에서 우연히 만나게 되었다. 그들은 만나자마자 마음이 통했고 곧 친분을 쌓기 시작했다. 그때만 해도 둘의 우정이 몇 년 후 우리에게 닥칠 인생의 고난에 어떤 영향을 미칠지 우리는 전혀 알 수 없었다. 그때를 돌아보면 우리 인생에 그만큼 행복한 시절은 없었던 것 같다. 다섯 살 난 우리 딸 헤더가 재롱을 피웠고 사업도 막 자리를 잡기 시작했었다. 눈코 뜰 새 없이 바빴지만 언제나 즐거웠다. 고생 끝에 낙이 오리라는 것을 믿고 있었기 때문이다.

낸시가 임신했다고 말했을 때 나는 뛸 듯이 기뻤다. 우리 가족이 곧 늘어나게 되었기 때문이다. 우리는 둘째 아이가 사내아이이길 바랐다. 그리고 정상적으로 9개월의 임신 기간을 보내고 낸시는 첫 아들 에릭을 낳았다. 처음에는 모든 것이 정상이었다. 그러나 몇 시간이 지나자 의사는 에릭이 매우 심각한 신체 장애를 안고 태어났음을 발견했다. 에릭의 등은 열려 있었고 척수가 제대로 형성되지 않은 상태였다. '이분척추'spinal bifida라는 병명이었다. 설상가상으로 분만 도중 척수액이 감염되어 에릭은 심각한 수막염을 앓게 되었다.

그때부터 우리의 인생은 엄청난 혼란에 빠졌다. 낸시가 몇 시간 동안 진통을 겪은 후 우리는 완전히 지쳐버렸다. 그 와중에 의사는 에릭의 뇌수술을 해야 한다고 말했고, 우리는 즉시 결정을 내려야 했다. 그렇지 않으면 살아날 가망이 전혀 없다는 것이었다. 사실 수술을 한다 해도 가망은 희박했다. 의사가 응급 뇌수술을 하기 위해 갓 태어난 에릭을 소아과로 데려갈 때 우리는 터지는 울음을 참을 수 없었다.

몇 시간을 기다린 끝에 수술실에서 나온 의사는 에릭이 살 수 있게 되었다는 말을 전했다. 하지만 수술실에서 본 에릭의 모습은 충격 그 자체였다. 어떻게 그토록 작은 아이의 몸에 그렇게 많은 실을 꿰맬 수 있는지, 절개한 등은 닫혀 있었지만 과도한 척수액을 뽑은 탓에 혈압을 낮추기 위해 단락관 shunt tube이 뇌에 꽂혀 있는 것을 똑똑히 볼 수 있었다. 에릭은 태어난 지 1년 동안 지긋지긋하게 소아과를 들락거려야 했다. 처음 9개월 동안 11번 이상의 수술을 받아야 했는데 심지어 일주일에 세 번을 받은 적도 있었다. 정신없이 시간은 지나갔고 미래는 암울하기만 했다.

한밤중에도 병원을 찾고 에릭에게 무슨 일이 일어나지 않을까 하는 두려움에 떨어야 하는 고통 속에서도 우리가 하루하루를 견뎌낼 수 있었던 것은 바로 제리와 패티 부부 덕분이었다. 제리와 패티 부부는 에릭이 태어난 날 병원에 찾아왔고 에릭이 수술을 받는 동안 우리에게 위로와 용기를 주었다. 그리고 이따금씩 병원 대기실에 있는 우리에게 음식을 가져다 줄 때면 옆에 앉아 그들의 놀라운 믿음을 우리에게 나누어 주었다.

무엇보다도 제리와 패티 부부를 통해 우리는 신께서 에릭과 우리를 위해 특별한 계획을 갖고 계심을 확신할 수 있었다. 어느 날 패티가 낸시에게 말했다. "낸시, 명심해야 해요. 당신과 짐은 에릭의 문제를 모든 일의 중심에 놓아야 해요. 인생을 전혀 새롭게 바라보기 위한 출발점으로 삼는 것이지요."

그때부터 우리는 인생의 전환점을 맞게 되었다. 우리는 현재 처한 상황에 얽매이기보다는 더 넓은 시야를 갖게 되었다. 신께서 에릭뿐 아니라 우리를 위해 계획을 갖고 계심을 깨달았고, 그러한 믿음을 통해 힘과 위로를 얻을 수 있었다. 제리와 패티 부부는 우리가 인생에서 가장 중요한 질문에 대해 생각하고 그 답을 찾을 수 있도록 도움을 주었다. 그날부터 인생을 바라보는 우리의 자세는 완전히 바뀌었고 커다란 희망이 보였다.

제리와 패티 부부와 연락이 끊긴 지 20년이 넘었다. 우리는 여러 차례 이들 부부를 찾으려 애썼지만 소용이 없었다. 한번은 에릭이 수술 도중 발작을 일으키기도 했지만 현재는 장성해 전동 휠체어를 자유자재로 운전하고 있다. 이제 에릭은 우리의 기쁨이 되었다. 버몬트 부부와 만난 시간은 고작 1년밖에 되지 않았지만 그 부부는 우리 인생에 커다란 가치를 더해주었다. 지금도 우리는 우리 삶에 가장 큰 영향을 미친 두 사람 중 한 명으로 그 부부를 꼽고 있다.

이제는 짐 도넌도, 나도 영향력 있는 사람이 되었다. 동유럽에서 태평양으로, 브라질과 아르헨티나에서 중국 본토로 사업을 확장해 현재는 전 세계 26개국에 진출해 있다. 세미나와 카세트테이프, 비디오테이프를 통해 매년 수천 명의 개인과 가족에게 영향을 미치고 있다. 우리의 사업은 여기에서 멈추지 않고 계속 성장해나가고 있다. 그러나 더욱 중요한 것은 우리의 확고한 가치관과 믿음을 사람들에게 나누어주고 있다는 점이다. 우리는 만나는 사람마다 최선을 다해 가치를 더해주고 있다.

최근 나는 《무스탕 먼슬리》Mustang Monthly와 《코르베트 피버》Corvette Fever, 《머슬 카 리뷰》Muscle-car Review를 비롯한 여러 잡지를 출간하는 돕스 출판사 Dobbs Publishing Group의 사장 래리 돕스 Larry Dobbs와 이야기를 나눈 적이 있다. 영향력이라는 주제를 갖고 이야기를 나누던 중 래리가 짤막한 이야기를 하나 들려주었다.

"존, 우리 아버지는 소작농이셨다네. 그래서 돈이 별로 없었지. 하지만 아버지는 돈보다 훨씬 중요한 것을 내게 주셨어. 바로 가치관이라네."

그러고 나서 래리는 매우 의미심장한 말을 했다.

"영원한 가치를 지닌 유일한 유산은 바로 사람의 영향이라네."

사람마다 이루고 싶은 꿈과 남기고 싶은 유산은 다르다. 하지만 타인의 삶을 변화시키려면 영향력을 발휘할 수 있어야 한다는 사실만큼은 누구에게나 적용된다. 그만큼 효과적으로 남의 삶을 움직일 수 있는 방법은 어디에도 없다.

영향력 있는 사람이 되라. 그러면 누군가 자신의 삶을 변화시킨 사람의 목록을 작성할 때 여러분의 이름을 넣을지도 모른다. 그리고 지금까지 자신의 삶에 영향을 미친 사람들의 목록도 함께 작성해보라. 각각의 사람들이 당신에게 어떤 영향력을 미쳤는지 알 수 있을 것이다.

제 1 장

매순간 진실하라
Integrity with People

"저는 항상 다음과 같은
간단한 원칙에 따라 살려고 노력했습니다.
다음날 신문에 실렸을 때
부끄러울 만한 행동을 하지 않는 것이지요."
– 조슈 웨스턴

Integrity with People

몇 년 전의 일이다. 유럽 출장 중 런던에서 아내 낸시의 생일을 맞았다. 나는 아내를 에스까다 매장으로 데려가 옷을 한두 벌 사주기로 했다.

아내는 옷을 여러 벌 입어보더니 모두 마음에 들어 했다. 아내가 그 중 하나를 고르기 위해 탈의실에 들어가 있는 동안 나는 아내가 입어본 옷을 모두 싸달라고 점원에게 부탁했다. 탈의실에서 나와 이를 본 아내는 처음에는 펄쩍 뛰었지만 결국 내 의견을 따랐다. 아내가 이 옷들을 잘 사용할 것이 분명했을뿐더러 모든 옷이 정말 잘 어울렸기 때문이다.

이틀 후 우리는 히스로 공항에서 샌프란시스코 국제공항으로 향하는 비행기에 몸을 실었다. 비행기가 오랜 비행 끝에 도착지에 착륙했고, 우리는 당연히 세관에 신고하기 위해 줄을 서야 했다. 세관원이 신고할 품목을 묻자 우리는 런던에서 구입한 옷들과 그 가격을 말했다.

"아니, 지금 옷을 신고하시겠다는 겁니까? 지금 농담하시는 거죠?"

우리가 쓴 옷 가격을 보고 세관원이 말했다. 물론 우리가 옷을 많이 사기는 했지만 그게 무슨 문제란 말인가?

세관원이 다시 물었다.

"그 옷들은 무슨 재료로 만들었습니까?"

"꽤 여러 가지거든요. 양모, 무명, 실크부터 시작해 모두 달라요. 드레스와 코트, 블라우스, 신발, 허리띠, 액세서리도 있어요. 그런데 왜요?"

"소재마다 관세율이 다르거든요. 그런데 제가 그 세율을 전혀 몰라서 제 상사를 불러야겠습니다. 옷을 신고하는 사람은 아무도 없어서요."

곤혹스러운 표정이었다.

"저 앞으로 가셔서 재료에 따라 모두 분류하세요."

이렇게 말한 세관원은 자기 자리로 돌아갔다. 우리가 가방을 열자 그가 동료에게 말하는 소리가 들렸다.

"바비, 자네는 믿지 못할 거야……"

소지품을 모두 분류하고 유형별로 가격을 합치는 데에는 45분이나 걸렸다. 세금을 계산하니 약 2천 달러나 되었다. 우리가 모든 소지품을 가방에 다시 넣고 있을 때 세관원이 말했다.

"그런데요, 저 혹시 짐 도넌 씨 아니세요?"

"예, 맞습니다. 저를 보신 적이 있으신가요?"

나는 그를 본 기억이 전혀 없었다.

"그건 아닙니다. 하지만 제 친구 한 명이 선생님 회사에서 일하거든요. 선생님 회사가 '네트워크 21' 맞지요?"

"예, 맞습니다."

"전에 선생님 사진을 본 적이 있습니다. 친구가 저더러 선생님 회사에서 일하면 좋을 거라고 말한 적이 있거든요. 하지만 귀담아 듣지 않았지요. 그런데 지금은 다시 생각해 보아야겠군요. 친구 말이 옳을지도 모른다는 생각이 듭니다. 제가 지금까지 본 사람들은 어떻게 해서든 관세를 내지 않고 세관을 통과하려 했거든요. 하지만 선생님은 그냥 통과할 수 있는 품목을 신고하셨습니다. 굳이 그렇게까지 하지 않았다면 많은 돈을 절약할 수 있었을 텐데요."

그러자 아내가 대답했다.

"그럴지도 모르지요. 하지만 우리는 양심을 팔면서까지 돈을 절약하고 싶지는 않아요."

사실 우리가 줄을 서있는 동안에 아무도 우리를 알아보지 못했다. 마음만 먹으면 충분히 그냥 통과할 수 있는 상황이었다. 실제로 우리도 아무도 우리를 알아보지 못하리라 생각했다. '누가 알아보겠는가?' 얄팍하게 인생을 살려는 사람들이 바로 이런 생각을 가지고 있으리라. 하지만 사실은 알아보는 사람들이 도처에 깔려 있다. 배우자와 아들, 친구, 사업 동료가 어디에서 보고 있을지 누가 아는가? 더욱이 아무도 모르게 속인다 하더라도 그 자신만은 알고 있다.

어떤 경우, 어떤 대가를 치르러라도 진실성을 버려서는 안 된다.

짐 도넌의 경험은 오늘날 사람들이 진실성에 관해 어떻게 생각하고 있는지 보여주는 작은 예에 불과하다. 슬프게도 오늘날에는 진실성을 쉽게 찾아볼 수 없다. 그래서 실제로 진실한 사람을 만나면 많은 사람들이 충격을 받는다. 당연한 덕목이 더 이상 당연하지 않게 된 것이다.

진실성은 사고 파는 게 아니다

인격은 인생의 모든 측면에 영향을 미친다. 몇 년 전 이반 보에스키라는 금융가는 캘리포니아 대학교 로스앤젤레스 캠퍼스 경영대학에서 연설할 때 탐욕을 '좋은 것'이라 말했다. 이런 잘못된 사고방식 때문에 그는 곧 어려움에 빠졌다. 월스트리트에서 저지른 부도덕한 행동이 밝혀져 1억 달러의 벌금과 3년 형을 선고받은 것이다. 더욱이 최근에는 완전히 파산해 전 부인이 보내주는 생활비로 연명하고 있다고 한다.

정부는 항상 진실성 문제로 골머리를 썩어왔다. 현재 법무부는 전에 없이 많은 공무원을 기소하고 있으며, 약간 미심쩍기는 하지만 최근 연간 1,100명 이상의 공무원에게 유죄 판결을 내렸다고 발표했다.

오늘날에는 도덕성을 잃어버린 예를 너무나 쉽게 찾아볼 수 있다. 텔레비전에 출연하는 목사가 도덕적으로 타락하고, 어머니가 자식을 익사시키는 시대이다. 스포츠 스타는 호텔에서 매춘부와 마약에 취한 모습으로 발견된다. 이러한 사례가 점점 늘어나면서 많은 사람들이 진실성을 시대에 뒤떨어진 가치로 여기는 듯하다. 마치 이렇게 바쁜 세상에는 어울리지 않는 가치라서 언제든지 버릴 수 있는 것쯤으로 말이다.

그러나 오늘날에도 진실성은 여전히 중요하다. 특히 영향력 있는 사람이 되고자 하는 사람에게는 진실성이 반드시 필요하다.

> 오늘날에도 진실성은 여전히 중요하다. 특히 영향력 있는 사람이 되고자 하는 사람에게는 진실성이 반드시 필요하다.

베스트셀러 《성공하는 사람들의 7가지 습관》The Seven Habits of Highly Effective People을 쓴 스티븐 코비는 그 책에서 진실성이 성공에 얼마나 중요한지 다음과 같이 말했다.

"인격이 근본적으로 잘못되어 표리부동한 사람은 남에게 영향력을 발휘할 수 없다. 내 생각대로 남을 이끌고 업무를 개선하며 동기를 부여하려고 아무리 노력해도 소용이 없다. 표리부동은 불신감을 낳기 때문에 심지어 뛰어난 인간관계 기술을 사용한다 해도 모든 일이 속임수로만 보일 뿐이다. 진실성이 없다면 아무리 말을 잘 하거나 의도가 좋아도 남보다 앞설 수 없다. 신뢰를 줄 수 없다면 언젠가는 실패하고 만다. 오직 순수한 도덕성만이 기술에 생명을 부여한다."[1]

진실성은 사업과 개인의 성공에도 매우 중요하다. UCLA 경영 대학원 졸업생과 뉴욕 시의 콘 페리 인터내셔널Korn/Ferry International이 공동으로 1,300명의 기업체 임원을 설문 조사한 적이 있다. 그 조사에 따르면 설문 대상의 71퍼센트가 사업 성공에 가장 중요한 덕목으로 진실성을 꼽았다. 창의력 연구 센터Center for Creative Research 의 연구 결과도 비슷한 결과를 보여준다. 곧 최고의 자리에 오르고자 하는 사람은 많은 실수와 장애물은 만나면 극복할 수 있지만 정작 믿음을 저버리면 그 자리에 오르지 못한다는 사실이다.

진실성은 아주 작은 것에서 시작된다

진실성은 사업에서의 성공뿐 아니라 영향력 있는 사람이 되기 위해서도 매우 중요하다. 진실성은 존경, 위엄, 신뢰를 비롯한 여러 덕목의 기초가 된다. 진실성이라는 기초가 약하거나 근본부터 잘못되었다면 영향력 있는 사람이 되는 일은 한낱 꿈에 지나지 않는다.

"사람의 한 면을 믿을 수 없다면 어떤 면도 진정으로 믿을 수 없다. 이것이 현실이다."라고 셰릴 비엘Cheryl Biehl은 지적한다. 심지어 얼마 동안 진실하지 않은 모습을 감출 수 있는 사람도 언젠가는 실패를 맛보게 마련이다. 다시 말해 일시적으로 얻은 영향력은 결국 사라지게 마련이다.

진실성은 집의 기초와도 같다. 기초가 튼튼한 집은 비바람이 몰아쳐도 무너지지 않는 것과 같은 이치다. 반면 기초에 금이 간 상태에서 폭풍우가 몰아치면 그 금이 더욱 깊어져 나중에는 집 전체가 무너지고 만다.

이것이 진실성을 잃지 않으려면 작은 잘못부터 고쳐야 하는 이유이다. 그러나 많은 사람들이 이를 잘못 생각하고 있다. 큰 잘못이 없는 한 문제가 없으며 작은 잘못은 언제든지 고칠 수 있다고 생각하는 사람이 많다. 하지만 전혀 그렇지 않다. 《웹스터 사전》Webster's New Universal unabridged Dictionary 에서는 '진실성'integrity 에 관해 이렇게 적고 있다. '도덕과 윤리 원칙의 준수, 도덕적 인격의 건전함, 정직.' 윤리 원칙은 쉽게 바뀌지 않는다. 악의가 없는 거짓말도 역시 거짓말이다. 1달러를 훔쳤건 100만 달러를 훔쳤건 똑같은 도둑질이다. 진실성은 개인적인 이익보다 인격을, 물건보다 사람을, 권력보다 섬김을, 편리함보다 원칙을, 한 치 앞보다는 멀리 보는 시각을 중요하게 여긴다.

19세기 성직자 필립 브룩스 Philips Brooks 는 "인격은 우리 삶의 작은 순간마다 형성된다."고 말했다. 마찬가지로 도덕적 원칙을 어길 때마다 진실성이라는 기초에 작은 금이 생기게 된다. 그렇게 되면 상황이 허락하지 않을 때는 진실성을 갖고 행동하기가 더욱 어려워진다.

인격은 결정적인 한 순간에 형성되는 것이 아니다. 단지 그 순간에 드러날 뿐이다. 지금까지 억눌렸던 과거의 습관이 한 순간에 표출되는 것이다.

> 진실성은 사업에서의 성공에 가장 필요한 덕목이다.

진실성을 쌓고 유지하기 위해서는 꾸준한 관심이 필요하다. 오토매틱 데이터 프로세싱Automatic Data Processing 사의 사장 조슈 웨스턴Josh Weston은 이렇게 말한다.

"저는 항상 다음과 같은 간단한 원칙에 따라 살려고 노력했습니다. 다음날 신문에 실렸을 때 부끄러울 만한 행동을 하지 않는 것이지요."

우리 모두가 지켜야 할 훌륭한 원칙이다.

진실성은 내적인 과정이다

많은 사람이 진실성 문제에서 혼란을 느끼는 이유 중 하나는 외적 요인이 인격을 결정한다고 생각하기 때문이다. 그러나 진실성을 쌓는 일은 내적인 과정이다. 많은 사람의 생각과 달리 진실성은 아래의 몇 가지 원칙을 따른다.

1. 진실성은 환경에 의해 좌우되지 않는다

오늘날 어떤 심리학자와 사회학자들은 나쁜 인격을 가진 많은 사람들도 전혀 다른 환경에서 자랐더라면 그런 인격을 갖지 않았을지 모른다고 말한다. 물론 자라온 환경은 인간의 인격, 특히 어렸을 적 인격에 영향을 미친다. 하지만 점차 나이를 먹어가면서 선과 악을 스스로 선택하는 경우가 많아진다. 그래서 두 사람이 똑같은 환경,

심지어 똑같은 집에서 자라더라도 한 명은 진실성을 가지고 다른 한 명은 그렇지 못할 수 있다. 결국 선택에 대한 책임은 자기 자신에게 있다.

환경은 인격을 비추는 거울과도 같다. 즉 인격이 환경을 결정한다.

2. 진실성은 자격에서 나오지 않는다

고대의 벽돌 제조자나 조각가와 같은 장인들은 자신이 만들었다는 증거로 작품에 특정한 표시를 했다고 한다. 이 표시를 '캐릭터' character라 한다. 작품의 가치는 제조 기술에 따라 달랐는데 그 가치가 높을 때만이 캐릭터가 존경을 받았다. 다시 말해, 사람과 그 작품의 가치가 그 사람의 '격'을 결정했다. 그래서 작품이 훌륭하면 캐릭터도 훌륭하고 작품이 나쁘면 캐릭터도 나쁜 것으로 여겼다.

오늘날에도 마찬가지로 캐릭터는 인격에서 나온다. 그런데 인격으로 판단받기를 원하는 사람이 있는 반면 인격에 상관없이 직함이나 지위로 판단을 받으려는 사람도 있다. 그런 사람은 인격의 힘이 아니라 자격의 중압감으로 남에게 영향력을 발휘하려 한다. 하지만 자격은 인격만큼 큰 영향력을 발휘할 수 없다. 왜냐하면 자격과 인격 사이에는 아래와 같은 차이가 있기 때문이다.

자격(Credentials)	인격(Character)
일시적이다.	영구적이다.
권리에 초점을 맞춘다.	책임에 초점을 맞춘다.
오직 한 사람에게만 유익하다.	많은 사람에게 유익을 끼친다.
과거의 공적을 본다.	미래를 위해 기초를 쌓는다.
종종 남의 질투심을 일으킨다.	존경과 진실성을 유발한다.

　직함과 지위, 직책, 상패를 비롯한 어떤 자격도 순수한 진실성보다 타인에게 더 큰 영향력을 발휘할 수는 없다.

3. 진실성과 평판은 엄연히 다르다

　종종 겉으로 드러난 이미지나 평판을 강조하는 사람이 있다. 그러나 이는 잘못된 것이다. 인격과 그 그림자인 평판의 차이에 관한 윌리엄 데이비스William Davis의 말을 들어보자.

　사람이 살고 있는 환경이 그 사람의 평판을 결정한다.
　사람이 믿는 진실이 그 사람의 인격을 결정한다.

　평판은 겉으로 보이는 모습이다.
　인격은 진정한 모습이다.

　평판은 사진이다.

인격은 얼굴이다.

평판은 밖에서 찾아온다.
인격은 안에서 자란다.

평판은 새로운 집단에 들어갈 때 가지고 있는 것이다.
인격은 떠날 때 가지고 있는 것이다.

평판은 일순간에 만들어진다.
인격은 평생에 걸쳐 쌓인다.

평판은 한 시간 안에 드러난다.
인격은 일 년 안에 드러나지 않는다.

평판은 버섯처럼 자랐다가 사라진다.
인격은 영원히 지속된다.

평판은 사람을 부자나 가난뱅이로 만든다.
인격은 행복하거나 불행하게 만든다.

평판은 묘비 앞에서 사람들이 말하는 것이다.
인격은 천사가 하나님의 보좌 앞에서 말하는 것이다.

물론 좋은 평판도 중요하다. 고대 이스라엘의 솔로몬 왕은 "좋은 평판이 많은 재물보다 낫다."고 말했다.[2] 하지만 좋은 평판은 인격이 바탕이 될 때 존재하는 것이다. 좋은 평판을 금이라 하면 진실성은 금광이라 할 수 있다.

남의 말에 신경 쓰지 말고 내적인 인격에 관심을 가져라. 19세기 유명한 전도사 드와이트 리먼 무디 Dwight Lyman Moody 는 "인격을 쌓으면 평판은 자연히 따라온다."고 말했다.

진실성을 유지하기가 어렵다면, 또 외적으로 아무리 옳은 일을 하려 해도 결과가 옳지 못하다면 무엇인가 잘못되어 있다는 뜻이다. 곧 내적으로 바뀌어야 한다는 뜻이다. 무엇을 바꾸어야 하는지 파악하는 데 다음 질문들이 도움이 될 것이다.

진실성을 측정하는 데 도움이 되는 질문들

1. 내게 줄 것이 없는 사람을 얼마나 잘 대하는가?
2. 남에게 솔직한가?
3. 주위 사람에게 모범을 보이는가?
4. 여러 사람 앞에 있을 때와 혼자 있을 때 변함이 없는가?
5. 굳이 그럴 필요가 없어도 잘못을 즉시 시인하는가?
6. 나보다 남이 우선인가?
7. 도덕적 문제와 관련된 결정에 대해 변함없는 기준을 가지고 있

는가? 아니면 상황에 따라 선택이 달라지는가?
8. 내게 손해가 되더라도 올바른 결정을 내리는가?
9. 남에 관해 할 말이 있을 때 그에게 직접 말하는가? 아니면 뒤에서 수군대는가?
10. 최소한 한 사람에게라도 내가 생각하고 말하고 행동한 것에 책임을 지는가?

위 질문들에 섣불리 답하지 말라. 인격 계발 문제가 삶의 중요한 측면이기 때문에 질문을 대강 읽고 실제가 아닌, 원하는 모습을 답으로 내놓을 수 있기 때문이다. 시간을 두고 각 질문과 자기 자신에 대해 솔직히 돌아보라. 그러고 나서 가장 문제가 있는 부분이 무엇인지 찾아내라. 그리고 다음을 기억하라.

많은 사람들이 지식을 가지고 잠시 성공한다.
몇몇 사람들이 행동을 가지고 조금 더 오래 성공한다.
소수의 사람들이 인격을 가지고 영원히 성공한다.

진실성이라는 길은 분명 편안한 길이 아닐지 모른다. 하지만 궁극적으로 원하는 곳에 이르기 위한 유일한 길이다.

진실성은 가장 좋은 친구이다

19세기의 저명한 미국 작가 너새니얼 호손 Nathaniel Hawthorne 은 이렇게 말했다.

"혼자 있을 때와 남과 함께 있을 때 다른 모습을 보이는 사람은 결국 어떤 모습이 진짜인지 자신도 모르는 지경에 빠지고 만다."

진실성을 버리면 결국 나에게 막대한 피해가 돌아온다. 왜냐하면 진실성이야말로 가장 좋은 친구이기 때문이다.

진실성은 친구를 배신하거나 타협의 자리로 내몰지 않는다. 무엇이 먼저인지 가르쳐주며, 쉽지만 잘못된 길의 유혹이 있을 때 올바른 길에서 벗어나지 않도록 도와준다. 타인에게서 비난을 받더라도 원칙을 굽히지 않도록 해주며 걸림돌이 없는 고속도로로 인도해준다. 또 남의 비판이 옳을 때에는 받아들이고 배우고 계속 성장하게 해준다.

언젠가 에이브러햄 링컨은 이렇게 말했다.

"나는 이 정권에서 물러날 때 오직 한 친구만을 남기고 싶다. 그 친구는 바로 내 안에 있다."

매우 지독한 비판을 받던 공직 시절의 링컨에게 가장 좋은 친구가 진실성이었다는 것쯤은 모르는 사람이 없을 것이다. 링컨의 리더십을 책을 통해 널리 알린 작가 도널드 필립스 Donald Phillips 는 링컨의 고난을 다음과 같이 표현했다.

"링컨은 지금까지 미국 대통령에 출마한 그 누구보다도 심한 중상

모략을 당하고 미움을 받았다. 기괴한 개코원숭이, 한때 울타리를 만들다가 이제는 국가를 분열시키고 있는 삼류 시골 변호사, 상스럽고 저속한 농담을 내뱉는 자, 독재자, 원숭이, 광대 등 그는 당시 언론으로부터 상상할 수 있는 모든 비난을 받았다. 《일리노이스 스테이트 레지스터》Illinois State Register 지는 그를 '미국 정부를 욕보인 정치인 중 가장 교활하고 가장 부정한 정치인'으로 묘사했다. 이처럼 심하고 부당한 비판은 링컨이 대통령에 취임한 후에도 사라지지 않았다. 더욱이 남부 지지자들만 링컨을 욕한 것이 아니었다. 연방 정부 지지자들과 의회, 공화당 내의 몇몇 당파 그리고 심지어 링컨의 자문위원회 안에서도 그를 비난하는 목소리가 있었다. 이러한 비판을 통해 링컨은 아무리 잘 해도 불만족스러워 하는 사람은 있게 마련이라는 교훈을 얻었다."[3]

이처럼 링컨은 원칙에 충실한 사람이었다. 토머스 제퍼슨이 말했듯이 "신은 우리를 이끄는 지도자로 저 원칙을 지키는 사나이를 임명하셨다."

진실성은 여러분의 친구에게도 최고의 친구이다

진실성은 여러분의 가장 훌륭한 친구이다. 그리고 여러분의 친구에게도 최고의 친구이다. 진실한 사람은 주위 사람들의 삶에 가치를 더해주기 위해 영향력을 발휘한다. 그래서 주위 사람들은 진실한 사람의 동기를 의심하지 않는다.

유명한 교양잡지 《뉴요커》New Yorker에 실린 카툰의 한 장면은 다른 사람의 동기를 알아내기가 얼마나 어려운지 잘 보여준다. 이 카툰을 보면 돼지들이 먹이를 먹으려고 모여들고 농부가 여물통을 가득 채우는 장면이 나온다. 그때 한 돼지가 다른 돼지들에게 묻는다. "왜 농부가 우리에게 그토록 잘해주는지 생각해 본 적 있어?"

진실성을 가진 사람은 이 농부와는 달라야 한다. 즉, 자기 유익을 위해 남에게 잘해주는 것이 아니다. 그는 타인의 유익을 위해 영향력을 발휘한다.

농구 팬치고 1967년부터 1987년까지 보스턴 셀틱스의 구단주이자 감독으로 활약한 레드 아우어바흐 Red Auerbach를 모르는 사람은 없을 것이다. 그는 특히 한 팀에서 선수들이 협력할 때 진실성이 남에게 가치를 더해준다는 점을 누구보다도 잘 알고 있었다. 그래서 다른 NBA 팀 리더와는 다른 기준을 가지고 선수를 영입했다. 통계 숫자와 개인 성적만 비교하기에 급급했던 다른 팀 리더들과 달리 아우어바흐는 선수의 마음가짐에 관심을 가졌다. 선수들이 팀의 이익을 위해 최선을 다할 때 팀이 승리할 수 있다는 생각이었다. 그에게 뛰어난 능력을 가졌지만 인격이 형편없거나 자기 이익만 추구하는 선수는 진정한 자산이 아니었던 것이다.

진실성이 주는 유익, 신뢰

진실성이 주는 가장 중요한 유익은 '신뢰'trust이다. 이 신뢰가 없으면 다른 어떤 것도 아무 소용이 없다. 신뢰는 사적, 공적 관계에서 가장 중요한 요소이다. 여러 사람을 하나로 묶는 끈과도 같은 신뢰는 영향력 있는 사람이 되기 위해 꼭 필요하다.

오늘날에는 진정한 신뢰를 찾아보기가 더욱 힘들어졌다. 사람들은 점점 서로를 의심의 눈초리로 바라보고 있다. 그래서 〈좌절하지 않는 희망〉A Hope That Will Not Disappoint 이라는 글에서 빌 카인즈 Bill Kynes 는 자기 세대의 감정을 다음과 같이 표현했다.

> 우리는 군대를 믿을 수 있다고 생각했다.
> 하지만 베트남 전쟁이 일어났다.
> 우리는 정치인들을 믿을 수 있다고 생각했다.
> 하지만 워터게이트 사건이 터졌다.
> 우리는 기술자들을 믿을 수 있다고 생각했다.
> 하지만 챌린저호 사고가 일어났다.
> 우리는 우리의 주식 중개인을 믿을 수 있다고 생각했다.
> 하지만 블랙 먼데이 사건이 일어났다.
> 우리는 목사들을 믿을 수 있다고 생각했다.
> 하지만 PTL 선교방송과 지미 스와거트를 보라.
> 그러니 내가 누구를 믿을 수 있으랴?[4]

> 인격은 인생의 작은 순간에 만들어진다.
> – 필립 브룩스

특별히 믿지 못할 이유가 없는 한 남들이 나를 믿을 것이라고 생각할지도 모르겠다. 하지만 오늘날과 같이 서로를 믿지 못하는 현실 속에서는 먼저 내가 믿을 만하다는 증거를 보여줘야 한다. 이것이 영향력 있는 사람이 되기 위해서 진실성이 꼭 필요한 이유이다. 훌륭한 인격을 갖출 때만이 남의 신뢰를 얻을 수 있다.

오늘날 사람들은 필사적으로 리더를 찾지만 그 중에서도 오직 믿을 수 있는 사람, 곧 훌륭한 인격을 지닌 사람만을 리더로 삼으려 한다.

따라서 남에게 긍정적인 영향을 미치고 싶다면 진실성과 관련된 다음의 품성을 계발하고 매일 그에 따라 살도록 노력해야 한다.

일관된 인격을 보여라. 일관되게 믿음을 주는 사람만이 확고한 신뢰를 얻을 수 있다. 이따금 자신이 무엇을 하고 있는지 모른다면 확고한 신뢰의 단계까지 관계가 깊어질 수 없다.

언행을 일치시켜라. 신뢰를 받으려면 훌륭한 음악 작곡가와 같아야 한다. 가사와 곡이 일치해야 한다.

솔직하라. 아무리 숨기려 해도 약점은 드러나게 마련이다. 약점을 솔직히 밝히고 인정하면 정직과 진실성만은 높이 평가받을 수 있다. 그리고 더 좋은 관계를 맺을 수 있다.

겸손하라. 자신이 남보다 낫다는 자만이나 질투에 빠지면 신뢰를 얻을 수 없다.

남을 도우라. 남을 먼저 생각하는 것만큼 훌륭한 인격도 없다. 세계적인 베스트셀러 작가이자 연설가인 지그 지글러Zig Ziglar는 남의 성공을 도우면 나도 성공할 수 있다고 말한다.

약속을 지켜라. 지킬 수 없는 약속은 하지 말라. 그리고 한번 말한 것은 끝까지 지켜라. 약속을 지키지 않으면 반드시 신뢰가 깨진다.

섬기는 자세를 가져라. 우리는 섬김을 받기 위해서가 아니라 섬기기 위해 이 땅에 태어났다. 남에게 나 자신과 시간을 주는 것은 관심을 가진다는 뜻이다. 의료 선교사 윌프레드 그렌펠Wilfred Grenfell은 "남을 위한 수고는 우리가 이 땅에 내야 하는 임대료이다."라고 말했다. 진실성을 가진 사람은 받기보다 주기를 좋아하는 사람이다.

서로의 삶에 참여하라. 사람들은 진실성을 가진 사람의 말을 듣고 따른다. 영향력은 기술이 아니라 참여라는 점을 항상 기억하라. 자신의 삶과 성공에 남을 참여시킬 때만이 성공을 언제까지나 이어갈 수 있다.

아이를 돌볼 때, 타이어에 바람이 빠졌을 때, 상사가 없을 때, 아무도 모를 것이라는 생각이 들 때 어떻게 하는지 봐야 사람의 진면목을 알 수 있다는 말이 있다. 하지만 진실성을 가진 사람은 어떠한 경우라도 변함이 없다. 그런 사람들은 장소, 상대, 상황에 상관없이 항상 원칙에 따라 산다.

신뢰가 주는 또 다른 유익, 영향력

신뢰는 영향력의 열쇠이다. 이 문제에 관해 드와이트 데이비드 아이젠하워Dwight David Eisenhower 대통령은 이러한 의견을 내놓았다.

"리더가 되려면 추종자가 있어야 한다. 그리고 추종자를 얻으려면 신뢰가 있어야 한다. 따라서 리더에게 가장 필요한 덕목은 다름 아닌 진실성이다. 보선구 작업반, 축구장, 군대, 공직 등 어느 곳에 있든지 간에 진실성이 없으면 진정한 성공을 거둘 수 없다. 동료에게 진실성을 보이지 못하는 사람은 실패할 수밖에 없다. 그런 사람은 먼저 말과 행동을 일치시켜야 한다. 곧 진실성과 한 차원 높은 목표가 가장 먼저 필요하다."

신뢰를 얻기 시작하면 영향력의 수준도 높아진다. 그리고 타인의 삶에 영향을 미치기 시작한다. 하지만 동시에 조심할 필요가 있다. 권력이란 위험한 것이기 때문이다. 사람은 권력을 원하지만 쉽게 얻지 못하고 설령 권력을 얻었다 해도 잘못 사용하기 십상이다. 또 권력이 일시적이라는 사실을 망각하고 그 권력을 놓치지 않으려고 안간힘을 쓴다. 링컨의 말처럼, "사람의 인격을 시험하고 싶다면 고난 대신 권력을 줘보라. 고난은 거의 모든 사람이 이겨낼 수 있지만 권력은 그렇지 않다."

오늘날 세계에서 미국 대통령보다 큰 권력과 영향력을 가진 사람은 거의 없다고 해도 과언이 아니다. 미국의 41대 대통령 조지 부시는 권력에 대해 강한 신념을 가지고 있었다.

"남을 돕기 위해 권력을 사용하라. 우리는 자신의 목적을 이루거나 세상에 과시하기 위해, 또는 이름을 드높이기 위해 권력을 받은 것이 아니다. 권력은 오직 남을 섬기기 위해서만 사용해야 한다."

자신의 목적을 점검하고, 영향력을 발휘해 남을 돕고 섬기기를 원한다면 스스로에게 가끔 이런 질문을 던져라.

"세계가 나를 따른다면 더 좋은 세상이 될까?"

진실한 사람이 되는 법

인생을 사는 방식에는 행동에 따라 원칙을 굽히거나 원칙에 따라 행동을 바꾸는 두 가지 길이 있다. 어떤 길을 선택할지는 여러분의 자유다. 그러나 영향력이 있는 사람이 되려면 진실성이라는 길을 선택해야 한다. 다른 길은 모두 파멸로 향하는 길이다. 진실성을 가진 사람이 되기 위해서는 원칙으로 돌아가야 한다. 때로는 어려운 결단을 내려야 할 경우도 있지만 진실성은 항상 그만한 가치가 있다.

진실한 사람이 되기 위해 염두에 둬야 할 몇 가지 자세를 살펴보자.

정직과 신뢰를 고수하라

진실성은 구체적이고 확고한 결단에서부터 시작된다. 진실성 문제를 해결하지 못하고 있다가는 위기가 닥쳤을 때 실패할 수밖에 없다. 지금 당장 엄격한 도덕적 원칙에 따라 살고 어떤 경우라도 그 원칙을 저버리지 않기로 결단하라.

돈의 유혹에 빠지기 전에 결단하라

조지 워싱턴 대통령은 누구나 돈을 많이 주는 사람 쪽으로 기울기 쉽다는 진리를 깨달았다. 돈의 유혹에 빠지기 전에 돈 문제를 해결하지 못한 사람은 결국 돈에 팔리고 만다. 진실을 저버리고 싶은 유혹으로부터 자신을 보호할 수 있는 최선의 길은 오늘 당장 결단하는 것이다. 어떠한 권력, 원한, 명예, 돈에도 진실을 팔지 않기로 결심하는 것이다.

작은 일이 중요하다

작은 일이 우리의 인격을 바꾸어 놓는다. 1센티미터든 1킬로미터든 원칙에서 벗어났다면 결과는 마찬가지다. 정직은 매일, 매주, 매년 변함없이 옳은 일을 할 때 몸에 배어드는 습관이다. 작은 일에서 항상 옳게 행하면 도덕이나 윤리에서 벗어날 확률이 적다.

매일 '원하는 일'을 하기 전에 '해야 할 일'을 먼저 하라

진실성은 곧 끝까지 책임을 다하는 것이다. 지그 지글러는 "해야 할 일을 먼저 하면 원하는 일을 할 수 있는 날이 온다."고 말했다. 심리학자이자 철학자인 윌리엄 제임스William James는 한 걸음 더 나아가 "모든 사람이 좋은 습관을 들이기 위해, 하기 싫은 일을 하루에 두 가지씩 해야 한다."고 말했다.

스위스의 작가 겸 철학자 앙리 프레데릭 아미엘Henri Frederic Amiel은 "영적 생활이 없는 사람은 환경의 노예이다."라고 주장했다. 자신과 타인의 변덕스러운 욕망에 자꾸 휩쓸려 갈팡질팡하는 사람, 곧 진실성이 부족한 사람을 표현하기에 이 노예라는 단어가 아주 적합하다. 반대로 진실성이 있으면 자유를 만끽할 수 있다. 잘못된 선택, 죄악, 거짓말, 잘못된 인격 문제에서 오는 압박감으로부터 자유로울 수 있으며 마음껏 남에게 영향을 미치고 막대한 가치를 더해줄 수 있다. 더 나아가 진실성은 지속적인 성공으로 이끌어준다.

인생에서 진실성이 미치는 영향은 아무리 강조해도 지나치지 않다. 몇 년 전 발생한 타이레놀 사태를 누구나 기억할 것이다. 당시 여러 사람이 타이레놀을 복용하고 사망했는데 오염된 타이레놀 캡슐이 원인으로 밝혀졌다. 그로부터 얼마 후 나의 친구 돈 마이어Don Meyer가 다음과 같은 글을 내게 보내왔다.

> 몇 년 전 존슨 앤 존슨의 사명 선언문에는 '정직과 진실성을 가지고 운영하라'는 내용이 있었다네. 타이레놀 사태가 발발하기 몇 주 전 존슨 앤 존슨의 사장은 각 부서의 장에게 사명 선언문을 잘 믿고 따르는지를 묻는 질문서를 보냈지. 이에 모든 부서장이 잘 따르고 있다는 대답을 보내왔다고 하더군.
>
> 전하는 바에 의하면 존슨 앤 존슨의 사장은 1억 달러의 손해를 볼 것을 알면서도 타이레놀 사태가 일어난 지 한 시간 만에 타이레놀의 전량 회수를 지시했다고 하네.

그렇게 어려운 문제에 대해 어떻게 단호하고도 신속한 결정을 내릴 수 있었는지 기자들이 물었을 때 그의 대답은 간단했다네.
"나는 우리의 사명 선언문대로 실천했을 뿐입니다."

돈 마이어는 이 글의 말미에 이런 설명을 덧붙였다.
"존, 사전에 원칙을 세우면 옳은 일을 하기가 무척 쉽다네."
존슨 앤 존슨의 교훈은 우리에게도 적용된다. 원칙을 알고 그에 따라 행동하면 신뢰를 얻을 수 있다.

타인이 존경하고 본받을 만한 인격과 일관성을 가져라. 그리고 올바른 원칙을 가져라. 그러면 타인의 삶에 좋은 영향을 미치는 사람이 될 것이다.

| 영향력 점검표 |

진실해지는 법

☐ **훌륭한 인격을 계발하는 데 전념하라**

과거에 여러분은 자신의 인격에 전적으로 책임을 졌는가? 영향력 있는 사람이 되려면 그렇게 해야 한다. 어려운 상황에 처했거나 상처를 받은 경험이 있는가? 그렇다면 잠시 잊어라. 지난 수년 동안 쌓아온 자격이나 평판도 잊어라. 이 모든 것을 잠시 잊고 남은 것 중에 확고한 진실성이 없다면 오늘부터 당장 삶의 방식을 바꾸어라.

다음 서약서를 읽고 아래에 서명하라.

인격적인 사람이 되도록 노력하겠습니다. 진실과 신뢰, 정직을 제 삶의 중심에 놓겠습니다. 제가 대접받고 싶은 대로 남을 대접하겠습니다. 삶의 어떤 순간에도 최고 수준의 진실성을 갖고 살겠습니다.

날짜: 서명:

☐ **작은 일부터 하라**

한 주일 동안 인격과 관련된 자신의 습관을 유심히 관찰해보라. 다음과 같은 행동을 할 때마다 기록해 보라.

- 진실을 모두 말하지 않는다.
- 확실히 약속을 했건 넌지시 비췄건 약속을 지키지 않는다.
- 해야 할 일을 다음으로 미룬다.
- 비밀에 붙여야 할 일을 발설한다.

☐ **원하는 일보다 해야 할 일을 먼저 하라**

이번 주 동안, 해야 하지만 미루어 두었던 일을 하루에 두 개씩 찾아라. 그리고 다른 일보다 그 일을 먼저 하라.

제2장

믿음과 격려로 양육하라
Nurtures Other People

"나는 아첨하는 사람을 믿지 않는다.
비판하는 사람도 좋아하지 않는다.
무시하는 사람은 용서하지 않는다.
그러나 격려해주는 사람은 절대 잊지 않는다."

– 윌리엄 워드

Nurtures Other People

　몇 년 전 나와 낸시는 에릭의 자립심을 길러주기로 결심했다. 물론 에릭은 정말 잘 해내고 있었다. 사실 정상인보다도 많은 활동에 참여하고 있었다. 하지만 우리는 에릭이 여기에서 한 단계 더 발전해야 한다고 생각했다. 그때 특별히 훈련된 개와 장애인을 짝지어주는 기관인 CCI Canine Companions for Independence에 대해 들은 기억이 났다.

　약 20년 전에 설립된 CCI는 캘리포니아 주 오션사이드를 비롯해 미국 곳곳에 지부를 두고 있다. 오션사이드 지부는 샌디에이고에서 차로 멀지 않은 곳에 있었기 때문에 우리는 차를 몰고 그곳으로 향했다.

　그곳에 도착해 훈련 시설을 돌아본 에릭은 흥분을 감추지 못했다. 우리는 직원들을 따라가 덩치가 커다란 개들을 살펴보았다. 직원들의 말에 의하면 이 개들은 태어나자마자 자원자의 집에서 일 년을 살면서 순종하는 법과 사회화 기술을 배운다. 그리고 나서 CCI 센터로 돌아와 다시 8개월 동안 특별 훈련을 받는다. 시각 장애인을 비롯해 거의 모든 유형의 장애인과 친구가 되는 법을 배우는 것이다.

예컨대 문을 열거나 물건을 나르는 법 등을 배운다. 특히 시각 장애인을 위한 개는 전화나 초인종이 울릴 때, 아기가 울 때, 화재 경보가 울릴 때 주인에게 신호를 보내도록 훈련을 받는다. 마지막으로 이런 훈련을 모두 마친 개는 새로운 주인과 함께 일종의 '신병훈련소'에서 하나가 되는 법을 배운다.

개를 갖고 싶어 하는 에릭을 위해 우리는 안내견 신청서를 작성했다. 그리고 몇 주 동안 에릭에게 꼭 맞는 개가 오기를 손꼽아 기다렸다. 그 동안 에릭은 하루도 빼지 않고 개에 관해 이야기했다. 마침내 어느 날 오후 CCI에서 에릭의 개가 준비되었다는 전화가 걸려왔고, 다음날 아침 우리는 다시 오션사이드로 향했다.

에릭은 세이블을 보자마자 무척 마음에 들어 했다. 세이블은 생후 일 년 반이 약간 넘은 골든 리트리버종으로 매우 건강해 보였다. 신병훈련소에서 에릭과 하나가 된 세이블은 에릭을 위해 전깃불을 켜고 함께 가게를 가는 등 많은 일을 할 수 있게 되었다.

신병 훈련을 마칠 때가 되자 한 조련사가 에릭 옆에 앉아 물었다. "에릭, 세이블과 함께 있는 동안 이것 한 가지는 꼭 기억하거라. 반드시 네가 먹이를 주어야 한다. 이것이 매우 중요하단다. 그래야만 세이블이 너를 주인으로 여긴단다."

에릭은 세이블을 쓰다듬고 돌보기를 좋아했다. 그래서 애정을 주기는 쉬웠지만 엄격한 주인 노릇을 하기는 어려웠다. 더욱이 에릭은 매우 온순한 성격이었다. 하지만 에릭은 시간이 지나면서 먹이 주는 법을 터득했고 나중에는 오히려 먹이 주는 일을 매우 좋아하게 되었다.

개에게 먹이를 주는 것은 개와 관계를 맺는 데 더없이 좋은 방법이다. 개에게 필요한 생명과 힘을 줄 뿐 아니라 주인을 믿고 따르도록 가르치는 것이다. 먹이를 주고 돌봐주면 개는 대개 충성과 복종, 애정으로 보답한다.

양육의 본질

앞서 살펴본 짐 도넌의 이야기는 어떤 점에서 사람은 동물과 비슷한 면을 갖고 있다는 사실을 보여준다. 하지만 인간은 동물처럼 육체뿐 아니라 정신적 보살핌을 필요로 한다. 주위를 둘러보면 격려와 인정, 보호가 필요한 사람들을 쉽게 발견할 수 있다. 이러한 사람들을 보살피는 과정을 '양육'nurturing이라 하는데 모든 사람에게 이 양육 과정이 필요하다.

타인의 삶에 영향을 미치고 싶다면 양육하기를 시작하라. 많은 사람들은 권위가 있어야 영향력을 발휘할 수 있다고 잘못 생각하고 있다. 예컨대 남의 잘못을 바로잡고 자기 스스로 발견하기 힘든 약점을 지적해주며 이른바 건설적인 비판을 해야 한다고 생각하는 것이

> 타인을 양육하되 여러분에게 의지하도록 만들면 도움보다는 오히려 해가 된다.

다. 그러나 약 400년 전 존 녹스 John Knox 목사가 "반감을 주어서는 결코 영향력을 발휘할 수 없다."고 말했듯이 사실은 생각과 전혀 다르다.

양육의 중심에는 타인에 대한 진정한 관심이 자리잡고 있다. '양육' 하면 머리에 가장 먼저 무엇이 떠오르는가? 아마도 대개는 아기를 달래는 엄마를 떠올릴 것이다. 엄마는 아기를 돌보고 보호하며 젖을 준다. 또 격려하고 필요를 채워준다. 시간이 남거나 편리할 때만 관심을 기울이는 것이 아니다. 아기를 진심으로 사랑하고 잘 자라기를 바란다.

마찬가지로 주위 사람을 돕고 영향력을 발휘하려면 사랑과 관심을 가져야 한다. 타인에게 좋은 영향을 미치고 싶은 사람은 그를 미워하거나 깔보지 않아야 한다. 오히려 사랑하고 존경한다는 표현을 해야 한다.

인간관계 전문가 레스 기블린 Les Giblin 은 "마음속으로라도 상대방을 하찮게 여기면 그에게 스스로를 소중히 여기는 마음을 심어줄 수 없다."고 말한다.

흔히 양육이란 부모와 자식 사이에만 존재하는 것이라고 생각하는 사람도 적지 않다. 직원이나 동료, 친구는 각자 집에서 충분한 양육을 받았을 것이라고 생각하는 것이다. 그러나 의외로 격려와 양육에 목말라 있는 사람은 많다. 물론 혼자서도 잘 하는 사람이 있기는 하지만 그런 사람조차도 양육 과정을 거쳐야 한다. 왜냐하면 자신감을 심어줌으로써 더 긍정적인 영향을 미치고 더 뛰어난 사람으로 만들 수 있기 때문이다. 뛰어난 양육자가 되면 상대에게 막대한 영향을 미칠 수 있다.

상대를 돕고 격려할 때에는 자신의 동기를 여러 번 확인하라. 아래의 에밀리와 같은 동기는 바람직하지 못하다.

어느 일요일, 가이 벨레란티가 가족을 차에 태우고 교회에서 집으로 돌아가던 중 다섯 살 난 딸 에밀리가 말했다.

"저는 커서 앞에서 서 있던 사람처럼 될래요."

그러자 엄마가 물었다.

"목사님이 되고 싶은 게로구나?"

"아니요. 남에게 무엇을 하라고 지시해보고 싶어서요."

여러분의 목표는 타인의 성장을 돕고 독립적인 인간으로 양육하는 것이어야 한다. 타인을 양육하되 여러분에게 의지하도록 만들면 도움보다도 오히려 해가 된다. 자신의 이익을 추구하거나 자신의 과거 상처를 치유하려는 목적이 개입된다면 타인의 삶에 적극적인 영향을 미칠 수 없다. 상대를 통해 대리만족을 얻으려는 시도도 마찬가지이다.

양육은 베푸는 것이다

양육의 의미를 알았으면 양육하는 법을 구체적으로 배울 준비가 된 셈이다. 직원과 가족, 친구, 교회 일꾼, 동료를 비롯한 모든 사람이 양육의 대상이 될 수 있다. 얻으려고 애쓰기보다는 다음과 같은 것들을 주면서 양육을 시작해보자.

사랑

타인의 삶에 어떤 영향을 미치기에 앞서 사랑을 표현해야 한다. 사랑이 없으면 관계 형성과 미래, 성공도 없다. 자신의 삶에 큰 영향을 미친 사람들을 돌아보라. 훌륭한 선생님, 존경하는 상사, 각별한 관계의 이모나 삼촌 등 여러분은 분명 그들의 관심을 느꼈을 것이다. 그리고 물론 여러분도 애정으로 보답했을 것이다.

다음의 글에서 볼 수 있듯이 사랑은 한 인간의 삶을 바꾸어 놓을 만큼 큰 힘을 갖고 있다.

"나는 수학에 관해 꿰뚫고 있었기 때문에 가르치는 데 전혀 문제가 없었다. 또 그 이상은 내 할 바가 아니라고 생각했다. 그러나 지금은 수학이 전부가 아니라는 사실을 깨달았다. 이제 나는 수학보다 아이들에게 더 관심을 가진다. 그러자 수학 문제를 하나라도 더 풀려고 애썼을 때보다 아이들에게 더 많은 것을 가르칠 수 있게 되었다. 나에게 이런 진리를 일깨워준 사람은 바로 에디였다. 어느 날 나는 에디에게 작년보다 성적이 오른 이유를 물었다. 그러자 에디는

'선생님과 함께 있으면 자신감이 생기기 때문이에요.' 하고 말했다.[1] 그 대답은 나의 생각을 완전히 바꾸어 놓았다. 아이들에게 교과목 이상의 것이 필요하다는 사실은 내게 매우 신선한 충격이었다."

사랑이 없으면 관계 형성은 물론 미래, 성공도 없다.

지식이나 심리학, 교수 기법 및 이론으로 변화되지 않았던 에디를 변화시킨 것은 결국 사랑이었다. 선생님의 애정을 느낀 에디가 숨은 잠재력을 발휘하기 시작한 것이다.

타인에 대한 영향력의 크기는 그에 대한 애정의 깊이와 정비례한다. 따라서 상대가 성장하고 자신감을 갖도록 돕는 데 사랑만 한 것이 없다. 심지어 미국의 프로 미식축구 팀인 그린베이 패커스Green Bay Packers의 전설적인 코치 빈스 롬바르디Vince Lombardi처럼 거친 사내도 사랑의 힘을 알고 있었다. 선수들에게서 최선의 노력을 이끌어 내고 그들의 삶에 영향을 미치는 사랑 말이다. 그의 말을 들어보자.

"유명 클럽에서 뛰어난 이론과 엄격한 기강으로 훌륭한 선수들을 가르치는 코치들도 승리를 거두지 못하는 경우가 많다. 이러한 경우 세 번째 요소가 필요하다. 바로 사랑이다. 선수들이 서로를 배려하고 사랑해야 한 팀으로 협력 플레이를 할 수 있다."

누구나 양육을 통해 타인에게 긍정적인 영향을 미칠 수 있다. 이때 어떤 직업을 가지고 있는지는 문제가 되지 않는다. 주위 사람들이 얼마나 성공했는지, 또는 과거에 어떤 성과를 거두었는지도 중요하지 않다.

인간은 누구나 사랑을 받고 싶어한다. 심지어 한때 자유 세계의 지도자였던 사람에게도 사랑은 필요하다. 미국의 전 대통령 리처드 닉슨Richard Nixon은 자신의 저서 《경기장에서》In the Arena에서 대통령 사임과 수술로 인한 고통을 피력했다. 그 고통이 얼마나 심했던지 병원에서 아내 패트에게 죽고 싶다고 말한 적도 있었다고 한다.

닉슨 대통령이 절망의 끝에 있을 때 한 간호사가 병실로 들어와 커튼을 걷었다. 그리고 공중에서 앞뒤로 흔들거리는 작은 비행기를 가리켰다. 그 비행기에는 "하나님은 당신을 사랑하십니다. 그리고 우리도 당신을 사랑합니다."라는 문구가 새겨져 있었다. 바로 복음 전도자 빌리 그레함Billy Graham의 아내 루스 그레함Ruth Graham이 기증한 비행기였다. 닉슨 대통령에게는 이 순간이 삶의 전환점이 되었다. 사랑이 담긴 그 문구를 본 그는 용기를 얻고 다시 일어설 수 있었다.

시간을 내어 가까운 사람들에게 애정을 표현하고 인정해주어라. 그들이 얼마나 소중한지 이야기해주어라. 그들에 대한 애정을 글로 써주어라. 등을 토닥여주고, 괜찮다면 안아주어라. 표현을 하지 않아도 여러분의 사랑을 상대방이 알 것이라고 단정하지 마라. 직접 말로 표현하라. 사랑한다는 말은 아무리 많이 해도 지나치지 않다.

존중

한 여자가 작은 마을로 이사를 했다. 이사한 지 얼마 안 되어 그 여자는 새로 사귄 이웃에게 약국에서 받은 불친절에 관해 불평을 늘어

놓았다. 그 이웃이 맞장구를 쳐주기 바랐던 것이다.

얼마 후 그 여자는 약국을 다시 찾았다. 그런데 이상하게도 약사가 활짝 웃으며 다시 보게 되어서 기쁘고 이 마을이 마음에 들었으면 좋겠다고 말하는 것이었다. 게다가 마을에 정착할 수 있도록 도움을 주겠다고 했다. 약사는 약도 신속하게 지어주었다.

나중에 여자는 이러한 갑작스러운 변화에 관해 이웃에게 말했다.

"서비스가 얼마나 형편없었는지 그 약사에게 얘기했군요?"

"그건 아니에요. 기분 나빠하지 않으셨으면 좋겠는데, 사실은 당신이 약국의 서비스에 감탄했다고 말했어요. 당신이 지금까지 본 약국 중에서 최고라고 말했다고 했지요."[2]

그 여자의 이웃은 존중의 가치를 알고 있었다. 사실 사람들은 자기에게 존중심을 보이는 사람을 위해 무슨 일이라도 기꺼이 한다. 여기서 존중이란 상대방의 감정과 선택, 의견을 높이 평가하는 것이다. 이와 관련해 미국의 철학자이자 작가인 랄프 왈도 에머슨은 "모든 사람은 최상의 순간일 때를 기준으로 평가받을 자격이 있다."고 말했다.

사랑이 '주는 것'이라면 존중은 '기꺼이 받는 마음'이다. 즉 존중은 상대방이 나에게 뭔가를 줄 만큼 큰 능력과 잠재력을 갖고 있다고 인정하는 것이다. 상대방의 말에 귀를 기울이고 자신의 일보다 상대방의 일을 먼저 생각할 때 존중한다고 말할 수 있다.

서로를 존중할 때 성공에 얼마나 도움이 될까? 최근 《월스트리트 저널》Wall Street Journal에 실린 '텔레오메트릭스 인터내셔널'

Teleometrics International의 연구 보고서에 의하면 기업의 임원들이 존중의 힘을 비교적 잘 이해하고 있는 것으로 드러났다. 연구는 16,000명의 임원 중에서 최고의 업적을 이룬 임원을 중심으로 조사를 했는데 그들 모두는 부하 직원에게 긍정적인 태도를 가지고 있었다. 자주 부하 직원들의 조언을 구하고 그들의 관심에 귀를 기울이며 존중심을 갖고 그들을 대했다.

세상에는 남을 존중하는 사람과 그렇지 못한 사람이 있다. 다양한 환경에서 일하면서 이러한 두 가지 유형의 상사와 일해본 경험이 있는 사람이라면 존중심을 가진 상사가 얼마나 큰 힘이 되는지 알 것이다. 사람들은 바로 그런 상사의 영향을 받고 싶어 한다.

안정감

양육의 또 다른 중요한 측면은 상대방에게 안정감을 주는 것이다. 안정감이 없으면 사람은 상대방을 믿지 않고 잠재력을 발휘하기를 거부한다. 하지만 안정감을 느끼면 긍정적인 반응을 보이고 최선을 다한다. 버지니아 아캐슬Virginia Arcastle은 "평소 가치를 인정받고 안정감을 느낀 사람은 자신을 내세우려고 남을 깎아내리지 않는다."고 말했다.

상대방에게 안정감을 주려면 앞서 말한 진실성이 필요하다. 더불어 말과 행동이 일치하고 철저히 도덕적 원칙을 따를 때 상대방은 안심한다. 이 문제에 관해 노트르담 미식축구 팀의 수석 코치였던 루 홀쯔Lou Holtz는 다음과 같이 말했다. "옳은 일을 하라! 최선을 다하라. 그리고 자신이 대접받고 싶은 대로 상대방을 대접하라. 왜냐하면 상대방은 다음의 세 가지 질문을 던지기 때문이다. (1) 당신은 믿을 만한가? (2) 당신은 약속을 잘 지키는가? (3) 당신은 나를 하나의 인격체로 존중하는가?"

사람은 안전한 대인관계뿐 아니라 안전한 환경을 원한다. 훌륭한 리더는 이 점을 인식하고 사람들이 마음껏 활동할 수 있는 환경을 조성한다. 듀크 대학 농구 팀의 유명한 수석 코치 마이크 크르지제프스키Mike Krzyzewski는 일찌기 추종자들을 안심시키는 리더가 큰 영향력을 발휘할 수 있다는 사실을 깨달았다. 그는 이렇게 말했다.

"당신이 대화와 신뢰의 분위기를 만들면 그 분위기는 하나의 전통이 된다. 즉, 당신에 대한 신뢰를 팀의 선배가 새로운 후배에게 계속해서 전해주는 것이다. 심지어 당신을 싫어하는 선수조차도 '그는 믿을 만해. 우리에게 최선을 다하거든.' 이라고 말할 것이다."

다시 한 번 강조하지만 전적인 신뢰를 얻어야 타인의 삶에 긍정적인 영향을 미칠 수 있다.

인정

특히 기업의 리더들에게 가장 쉽게 찾아볼 수 있는 잘못은 타인을 인정하지 않는 자세이다. 리서치 전문가 스타엘 J. C. Staehle 이 미국의 샐러리맨들을 조사한 바에 의하면 불만족의 첫 번째 원인은 상사의 불신이었다.

인격과 업무에 대해 인정을 해주지 않는 리더를 진정으로 따르는 사람은 없다. 그래서 국방장관과 세계은행 총재를 역임한 로버트 맥나마라Robert McNamara는 "두뇌는 심장과도 같아서 인정받는 곳으로 간다."고 말했다.

비즈니스 세계에 있는 사람만 그런 것이 아니라 사람이라면 누구나 인정받기를 원한다. 심지어 상대방을 조금만 인정해줘도 상대의 삶을 크게 바꾸어 놓을 수 있다. 학교 선생님이었던 헬렌 므로슬라Helen P. Mrosla의 경험담에서 그러한 예를 찾아볼 수 있다. 그녀가 초등학교 3학년과 중학교 때 수학을 가르쳤던 마크 에크런드Mark Eklund라는 학생에 관한 다음 이야기를 들어보자.

어느 금요일, 교실 분위기가 좋지 않았다. 우리는 일주일 내내 새로운 개념에 대해 공부했지만 학생들은 묘한 좌절감에 빠진 채 모두 신경이 곤두서 있었다. 나는 상황이 돌이킬 수 없을 정도가 되기 전에 손을 써야겠다고 생각했다. 그래서 나는 학생들에게 같은 반 친구들의 이름을 종이에 적고 각 이름 사이에 여백을 남기게 했다. 그런 다음 친구들의 좋은 점에 관해 생각해보고 그것을 적게 했다. 학생들은 수업 시간 내내 적은 종이를 내게 제출하고 교실을 나갔다.

그 주 토요일, 나는 학생들의 이름을 각각 다른 종이에 적고, 다른 친구들이 그에 관해 말한 내용을 옮겨 적었다. 그리고 다음 주 월요일, 각 학생들에게 자신의 이름이 적힌 종이를 나누어주었다. 그 중에는 두 페이지나 되는 분량도 있었다. 그러자 잠시 후 교실 전체에 화기애애한 분위기가 번졌고 이런 소리들이 들렸다. "정말이지 친구들이 나를 그렇게 소중하게 여기는 줄 전혀 몰랐어!" "친구들이 나를 그렇게 좋아한단 말이지?"

그 후로 수업 시간에는 아무도 그 종이에 관해 말하지 않았다. 물론 학생들이 수업 후에 친구들이나 부모님과 함께 그 종이에 관해 이야기했을지도 모르지만 그것은 별로 중요하지 않았다. 학생들이 그 종이의 내용을 읽고 행복해했다는 것만으로도 충분했다.

몇 년이 지난 어느 날, 내가 휴가를 마치고 공항에 도착했을 때 부모님이 마중을 나오셨다. 차를 타고 집으로 오는 도중 어머니는 내 여행에 관해 일상적인 질문을 던지셨다. 날씨는 어떠했는지, 어떤 경험을 했는지 등등. 그러다가 잠시 대화가 끊겼다. 그때 어머니가 아버지 쪽을 곁눈질하시더니 주저하듯 부르셨다. "여보!" 그러자 아버지는 헛기침을 하시며 나를 보고 말씀하셨다.

"지난 밤 에크런드네 집에서 전화가 왔단다."

"정말이에요? 몇 년 동안 전혀 소식을 듣지 못했어요. 에크런드가 어떻게 지내는지 정말 궁금해요."

내 말에 아버지는 조용히 대답하셨다. "에크런드가 베트남에서 죽었다는구나. 장례식이 내일인데 에크런드의 부모님께서 네가 참석했으면 하시는구나."

나는 에크런드가 묻혀 있는 I-494의 위치를 지금까지도 정확히 기억하고 있다. 나는 그때까지 관에 누워 있는 군인을 한 번도 본 적이 없었다.

에크런드의 친구들(옛날 같은 반 학생들)이 교회로 모여들었고 척Chuck의 누나가 '승전가' The Battle Hymn of the Republic를 불렀다. 하필이면 장례식 당일에 비란 말인가? 비 때문에 무덤가에 서 있기가 꽤나 불편했다. 장례식장에서 으레 그렇듯이 목사님이 기도문을 읽으셨고 나팔수는 나팔을 불었다. 그리고 나서 에크런드를 사랑했던 사람들이 차례로 관 앞으로 나와 성수를 뿌렸다.

내가 마지막으로 성수를 뿌리고 나서 관 앞에 서 있을 때였다. 관을 짊어졌던 병사 중 한 명이 내 앞으로 와 물었다. "에크런드의 수학 선생님 아니세요?" 나는 관을 응시한 채 고개를 끄덕였다. "에크런드는 선생님에 관한 이야기를 많이 했어요."

장례식이 끝나자 에크런드의 옛 급우들 대부분이 점심을 먹기 위해 척의 농장으로 향했다. 가서 보니 에크런드의 부모님이 거기 계셨는데 분명 나를 기다리시는 눈치였다. 잠시 후 에크런드의 아버지가 주머니에서 지갑을 꺼내며 말씀하셨다. "선생님께 보여드릴 게 있어요. 에크런드가 죽었을 때 몸에서 이것이 발견되었다는군요. 선생님께서는 이게 뭔지 아시지요?"

에크런드의 아버지가 지갑을 열어 낡은 종이 두 장을 꺼내셨다. 그 종이는 여러 번 접혀 있었다. 나는 그 종이를 보자마자 옛 급우들이 에크런드의 모든 장점을 적었던 종이임을 알아챘다. 이번에는 에크런드의 어머니가 말씀하셨다. "선생님, 정말 고맙습니다. 에크런드는 이 종이를 보물처럼 여겼어요."

에크런드의 옛 급우들이 내 주위로 모여들기 시작했고 척이 수줍게 웃으며 말했다. "저도 제 종이를 아직 갖고 있어요. 내 방 책상의 맨 위 서랍에 넣어 두었어요." 존의 아내가 말했다. "존은 나더러 자기 종이를 결혼 앨범에 넣어 두라고 했어요." 이번에는 마릴린이었다. "제 것은 일기장에 있어요." 그러고 나서 또 다른 급우 비키가 핸드백에서 지갑을 꺼내 닳아빠진 종이를 급우들에게 보여주면서 눈을 크게 뜨고 말했다. "저는 항상 이것을 가지고 다녔어요. 아마도 저희 모두가 자기 종이를 버리지 않았을 거예요."

나는 그 자리에 주저앉아 울음을 터뜨렸다.[3]

그 학생들이 어렸을 적에 받았던 종이를 오랜 시간이 지나 어른이 된 후에도 버리지 않은 이유는 무엇일까? 어떤 학생은 그 종이를 항상 몸에 지니고 다녔는가 하면 심지어 먼 나라의 전쟁터에까지 가지고 간 이유는 무엇일까?

답은 바로 그들이 누군가로부터 인정받았기 때문이다. 모든 사람은 인정받는 것에 굶주려 있다.

여러 사람과 어울릴 때 그들의 이름을 기억하고 특별한 관심을 보여라. 삶의 우선순위에서 자신의 일정을 비롯한 다른 무엇보다도 그 사람들을 가장 우선에 두어라. 시간이 날 때마다 그들을 인정해주어라. 그러면 그들은 나날이 발전하고 의욕을 느낄 것이다. 그리고 무엇보다도 그들에게 여러분이 영향력 있는 사람이 될 것이다.

격려

수년 전 인간의 인내력을 측정하기 위한 실험이 있었다. 당시 심리학자들은 얼음이 담긴 양동이 속에서 사람이 맨발로 서서 얼마나 오래 버틸 수 있는지 실험했다. 그 결과 한 가지 요인이 작용하면 보통의 경우보다 두 배나 오래 버틸 수 있다는 사실이 밝혀졌다. 그 요인은 바로 격려였다.

도움과 격려를 주는 사람과 함께 한 실험 대상자는 그렇지 않은 실험 대상자보다 고통을 훨씬 더 오래 참을 수 있었다.

격려만큼 많은 도움을 주는 것은 별로 없다. 작가 조지 애덤스 George Adams 는 격려를 '영혼의 산소'라고 말했다. 그는 "누구의 인생에든 절정기가 있게 마련이고, 그 절정기의 대부분은 누군가의 격려를 통해 찾아온다."고 말했다. 또 독일의 철학자이자 시인인 괴테 Johann Wolfgang von Goethe 는 "지적도 중요하지만 지적 뒤의 격려는 소나기 뒤의 햇빛과도 같다."고 기록했다. 그런가 하면 윌리엄 워드 William Ward 는 이렇게 표현했다. "나는 아첨하는 사람을 믿지 않는다. 비판하는 사람도 좋아하지 않는다. 무시하는 사람은 용서하지 않는다. 그러나 격려해주는 사람은 절대 잊지 않는다."

영향력은 격려를 통해 자연스럽게 생기는 부산물이다. 다음은 미국의 유명 정치인이자 계몽사상가였던 벤자민 프랭클린 Benjamin Franklin 이 해군 부함장 존 폴 존스 John Paul Jones 에게 쓴 편지의 일부이다. "앞으로 부하 장교와 친구들에게 조금만 더 칭찬을 해주십시오. 그리고 자신의 잘못을 조금만 더 인정하십시오. 그러면 당신은 머지않아 위대한 함장이 될 것입니다."

> 격려를 받은 사람은 불가능에 도전하고 커다란 역경을 극복할 수 있다.

존스는 이 교훈을 마음에 새겼음이 분명하다. 결국 그는 미국 독립혁명에서 이름을 날렸고 후에는 러시아 해군의 소장이 되었다.

이처럼 격려를 하면 사람이 따르지만 칭찬과 격려를 아끼면 정반대의 결과를 낳는다. 《성공의 법칙》이라는 베스트셀러 저자로 널리 알려진 맥스웰 몰츠 Maxwell Maltz 는 가까운 사람을 격려하지 않을 때 미칠 수 있는 나쁜 영향을 이야기로 잘 보여주고 있다.

어느 날 한 여인이 몰츠의 사무실로 찾아와 도움을 요청했다. 그 여인의 말에 의하면 그녀의 아들은 고향 미드웨스트를 떠나 몰츠의 사무실이 있는 뉴욕으로 이사해 왔다. 아들이 어렸을 적 남편은 세상을 떠났고 그녀가 가업을 이어받았다. 아들이 장성하면 가업을 넘겨줄 생각에서였다. 하지만 아들은 어른이 된 후에도 가업을 이어받으려 하지 않았다. 대신 뉴욕에서 공부하기를 원했다. 그녀는 아들이 그렇게 행동하는 이유를 알고 싶어 몰츠를 찾아온 것이었다.

며칠 후 어머니가 시켜 억지로 왔다며 아들이 몰츠의 사무실로 찾아왔다. "저는 어머니를 사랑합니다. 하지만 내가 왜 집을 떠나야 했는지 말하지 않았어요. 용기가 없었거든요. 또 어머니께서 슬퍼하시는 모습을 보기 싫었어요. 하지만 선생님, 저는 아버지의 사업을 이어받고 싶지 않아요. 나만의 일을 하고 싶어요."

몰츠가 말했다.

"아주 훌륭한 생각입니다. 그런데 굳이 아버지의 사업을 거부하는 이유는 무엇이지요?"

"저희 아버지는 훌륭한 분이셨고 열심히 일하셨습니다. 하지만 아무래도 제가 마음에 들지 않으셨나 봐요. 저희 아버지는 고생을 많이 겪으셨어요. 그래서 저를 엄하게 가르쳐야 한다고 생각하셨지요. 아마도 제게 자립심을 키워주려고 했던 것 같아요. 제가 어렸을 적 아버지는 절대 저를 격려하지 않으셨어요.

마당에서 아버지와 공 던지기 놀이를 하던 기억이 납니다. 아버지는 던지고 저는 받았지요. 우리는 제가 연속으로 열 개의 공을 잡을 수 있는지 내기를 했습니다. 그런데 박사님, 아버지는 제가 마지막 열 번째 공을 절대 잡지 못하게 만들었어요. 여덟이나 아홉 번째 공까지는 저를 향해 던졌지만 열 번째 공은 항상 하늘이나 땅으로 던졌거든요. 제가 잡을 수 없는 곳으로 말입니다."

그 젊은이는 잠시 말을 멈추었다가 이내 입을 열었다.

"열 번째 공은 절대 잡지 못하게 했어요. 절대! 그래서 집과 아버지의 사업을 떠나야겠다고 생각했습니다. 그렇게 저는 열 번째 공을 잡으러 떠났던 겁니다."

격려를 아끼면 상대방에게서 건강하고 생산적인 삶을 빼앗을 수 있다. 그러나 격려를 받은 사람은 불가능에 도전하고 커다란 고난을 극복할 수 있다. 아울러 격려라는 선물을 준 사람은 그에게 상당히 영향력 있는 사람이 된다.

양육을 받는 사람이 얻는 유익

양육자가 되기 위해서는 나보다 남을 먼저 생각할 줄 알아야 한다. 자신의 입장에 타인을 맞추는 것이 아니라 타인의 입장에 자신을 맞춰야 한다는 뜻이다. 그런데 그것이 말처럼 쉽지는 않다. 먼저 자신이 정립되어 있어야 타인을 배려하고 타인에게 자기 자신을 줄 수 있다. 한편 양육의 대상은 다음과 같은 유익을 얻는다.

긍정적 자존감

너새니얼 브랜든Nathaniel Branden은 정신과 의사이자 자존감에 관한 전문가이다. 그의 주장에 따르면 자신에 대한 가치 판단만큼 심리적 발전과 동기 유발에 중요한 요소는 없다고 한다. 또 자신에 대한 평가는 가치관과 신념, 사고 과정, 감정, 포부, 목표에 막대한 영향을 미친다고 한다. 한마디로 브랜든이 생각하는 자존감은 사람의 행동을 결정짓는 요소이다.

자아상이 약하면 삶에 온갖 부정적인 영향을 미친다. 시인 엘리엇은 이렇게 역설했다. "이 세상의 악의 절반은 자존감을 원하는 사람들에 의해서 행해진다. 그들은 고의로 해를 끼치는 것이 아니다. 그들은 자존감을 위한 끝없는 싸움에 휩쓸려 있다." 자존감이 결여된 사람은 눈에 보이지 않는 울타리를 만들어 그 속에 자신을 가둔다.

자신감이 넘치고 건강한 자아상을 가진 사람은 이렇게 말할지도 모르겠다.

"여보게, 어린아이가 자존감을 갖도록 도울 수는 있네. 하지만 우리 직원이나 동료의 경우라면 이야기가 달라. 알아서 하도록 내버려두게나. 그들은 어른이 아닌가? 어른이라면 알아서 자존감을 가져야 하네."

그러나 일곱 살 어린이든, 예순 살의 노인이든 누구나 자신의 감정에 대해 도움을 받을 자격이 있다. 자신의 정체성이 확고해지는 것을 싫어할 사람은 없기 때문이다.

의심이 난다면 이런 실험을 한번 해보자. 여러분이 알고 있는 두 사람에게 종이 한 장씩을 주고 자신의 모든 장점을 적게 하라. 보통 한 사람 당 대여섯 가지 정도의 장점이 나올 것이다. 그리고 나서 자신의 모든 약점을 적게 하라. 대부분의 경우 약점이 장점보다 최소한 두 배는 많을 것이다!

18세기 문학 비평가 사무엘 존슨 Samuel Johnson도 이에 동의했다. "자신감은 위대한 사업에 가장 중요한 요소이다." 이처럼 자존감은 직업, 교육, 관계를 비롯한 인생의 모든 측면에 영향을 미친다. 국립학생 동기유발 위원회 National Institute for Student Motivation에서 행한 연구가 그 증거를 보여주고 있다. 그 연구에 따르면 자존감이 학업 성취에 미치는 영향은 지능지수 IQ 보다도 높았다. 또 미국 펜실베이니아 대학의 심리학 교수 마틴 셀리그만 Martin Seligman 은 자존감이 높은 사람이 낮은 사람보다 더 크게 성공하고 많은 돈을 번다는 사실을 발견했다. 그는 유수한 생명보험 회사의 세일즈맨들을 조사했는데 성공을 기대한 사람이 그렇지 않은 사람보다 보험상품을 37퍼센트나 더 판매한 것으로 밝혀졌다.

타인의 삶의 질을 향상시키려면 먼저 자신이 열심히 일하고 좋은 관계를 형성해야 한다. 그리고 나서 타인의 자존감을 높여주면 그는 삶의 모든 측면에서 행복을 느끼고 그 은혜를 평생 잊지 못하게 된다.

소속감

소속감은 인간의 가장 기본적인 욕구 중 하나이다. 인간은 따돌림을 당했을 때 느끼는 고독감을 견디지 못한다. 앨버트 라론드 Albert LaLonde 는 이러한 고독감의 심각성에 관해 이렇게 말했다. "오늘날 많은 젊은이들은 깊은 애정을 경험하지 못했다. 그래서 어떻게 사랑을 주고받아야 할지 모른다. 사랑을 받고 싶은 욕구는 소속감과 일맥상통한다. 사랑에 대한 굶주림으로 인해 그들은 어딘가에 소속되기를 갈망한다."

영향력 있는 사람은 바로 이러한 욕구를 이해하고 소속감을 주기 위해 노력한다. 예를 들어 부모는 아이에게 가족의 일원이라는 소속감을 심어준다. 그리고 남편은 아내에게 소중한 동반자라는 느낌을 준다. 또 사장은 직원에게 팀의 귀중한 일원임을 인식시킨다.

위대한 리더는 추종자들에게 소속감을 심어주는 데 특히 뛰어난 역량을 발휘한다. 일례로 나폴레옹 보나파르트 Napoleon Bonaparte 는 부하들에게 애정과 소속감을 주는 데 뛰어났다. 그는 막사를 돌아다니다가 부하장교를 만나면 그의 이름을 부르며 반기기로 유명했다. 그는 만나는 장교마다 고향과 아내, 가족에 관해 물었다. 또 그 장교가 참여한 전쟁이나 기동작전에 관해 이야기했다. 이러한 식으로 그가 부하들에게 준 관심과 시간은 동지애와 소속감을 심어주기에 충분했다. 부하들이 그런 그에게 목숨을 바쳐 충성했음은 두말할 것도 없다.

더 뛰어난 양육자가 되고 싶다면 남을 배려하는 마음을 가져라. 상대에게 소속감을 주려고 애써라.

옛날에 한 농부가 살았다. 그에게는 늙은 노새 한 마리가 있었는데 일을 할 때면 항상 노새에게 두 마리가 짊어질 쟁기를 지우고는 이렇게 외쳤다.

"힘내라 보르가드. 힘내라 톰. 힘내라 로버트. 힘내라 베티 루."

어느 날 지나가던 이웃이 이 소리를 듣고 물었다.

"도대체 저 노새는 이름이 몇 개요?"

"물론 하나지요. 이름은 피트랍니다. 하지만 이렇게 눈을 가리고 다른 이름들을 불러대면 저 노새는 다른 노새들과 함께 일하는 줄 알고 더욱 힘을 내거든요."

이 농부의 교훈을 마음에 새겨라.

시선

양육을 받는 사람이 얻게 되는 또 다른 유익은 자신에 대해 더 좋은 시선Perspective을 갖게 되는 것이다. 대부분의 사람들은 타인의 비판이나 평가에 필요 이상의 충격을 받는다. 그래서 때로는 자신의 가치를 제대로 보지 못하기도 한다. 아서 고든Arthur Gordon의 《기적의 손길》A Touch of Wonder 을 보면 이러한 예가 잘 드러나 있다.

이 책에는 위스콘신 대학의 한 모임에서 활동했던 고든의 친구 이야기가 등장한다. 그 모임은 글쓰기에 뛰어난 재능을 가진 남학생들로 이루어져 있었다. 모임의 진행 방식은 한 사람이 자작 수필이나 이야기를 읽어주면 나머지 사람들이 그것을 분석하고 비판하는 식이었다. 결국 모임에 소속된 학생들은 신랄한 비판으로 인해 '묵살자'Stranglers라는 별명을 얻었다.

반면 같은 대학에 '논쟁자'Wranglers라는 여학생 모임이 있었는데 그 모임도 학생들이 각자 자신의 글을 읽는 방식으로 진행되었다. 단, '묵살자'와 다른 점은 서로의 글을 비판하기보다는 좋은 점을 말해주었다는 것이다. 이 모임 사람들은 서로의 글이 훌륭하든 그렇지 않든 서로에게 용기를 주었던 것이다.

20년 후 두 모임의 학생들이 어떻게 살고 있는지 조사해 보았다. 먼저 '묵살자' 모임에 속했던 학생들은 글에 뛰어난 재능이 있었음에도 작가로 활동하는 사람이 아무도 없었다. 이와 달리 뛰어난 재능을 보이지 않았던 '논쟁자' 모임에서는 유수한 작가가 여섯 명이나 배출되었다. 그 중에는 퓰리처상을 수상한 마저리 키난 롤링스

Marjorie Kinnan Rawlings처럼 세계적인 명성을 얻은 이들도 있었다.[4]

사실 사람의 발전을 저해하는 것은 재능 자체가 아니다. 바로 재능이 없다고 생각하는 것이 문제이다. '묵살자'는 서로의 재능을 의심하다가 결국 자신에게 재능이 없다는 잘못된 믿음에 빠져버렸다. 부정적인 시각 때문에 재능을 썩히고 말았던 것이다. 그러나 부정적인 시각을 갖기 전 누군가 먼저 상대방을 양육했더라면 헤밍웨이, 포크너, 피츠제럴드와 같은 인물이 등장해 세계적인 명작을 탄생시켰을지 누가 아는가?

누구나 양육의 대상이 될 수 있다. 위대한 인물이라도 마찬가지이다. '스미소니언 협회'Smithsonian Institution에 전시되어 있는 작은 전시품들이 이를 증명하고 있다. 에이브러햄 링컨이 총에 맞아 죽던 날 발견된 이 전시품들은 링컨의 삶에 큰 영향을 미쳤다. 링컨의 이름을 수놓은 작은 손수건, 시골 소년의 주머니칼, 대통령으로서의 링컨을 칭찬하는 낡은 신문 조각이 그것들이었다. 그 중 신문 조각의 기사는 이렇게 시작된다. "에이브러햄 링컨은 역대 최고의 정치인 가운데 한 사람이다."[5]

앞에서 살펴보았듯 링컨은 공직에 있을 당시 누구보다 신랄한 비판을 받았다. 아마 다른 사람 같았으면 모든 것을 포기하고 말았을 것이다. 수없이 읽어 해질대로 해진 그 신문 기사는 가장 어려웠던 시기에 링컨에게 큰 도움이 되었음이 분명하다. 한마디로 그 기사는 본래의 시선을 잃지 않도록 링컨을 양육한 것이다.

자신을 소중히 여기는 마음

언젠가 유명한 영화 감독이자 배우인 우디 앨런Woody Allen은 "내 인생에 단 한 가지 후회되는 점이 있다면 사람들이 나를 우습게 여긴다는 것이다."라는 농담을 했다. 물론 웃기기 위한 말이다. 그러나 수년 동안 그에게 따라다닌 인간관계 문제를 보면 완전히 농담만은 아닌 것 같다.

우리가 자신을 소중히 여겨야만 남도 우리를 소중히 여긴다. 높은 자존감을 가지고 자신을 소중히 여기는 사람만이 남의 존경을 받는다는 뜻이다.

아무런 대가 없는 양육과 애정을 받은 사람은 자신이 소중하다는 사실을 자연스럽게 깨닫게 된다. 그리고 자신을 소중히 여기는 마음을 계속해서 이어가면 결국 자신과 타인에게 더욱 유익한 삶을 살 수 있다.

희망

미국의 유명한 소설가 마크 트웨인Mark Twain은 이렇게 경고했다. "당신의 야망을 깔보는 사람을 멀리하라. 하찮은 사람은 항상 남을 깔본다. 하지만 정말 위대한 사람은 남들도 똑같이 위대해질 수 있다는 희망을 심어준다."

여러분의 주위 사람은 어떠한가? 자신을 하찮게 여기는가? 아니면 할 수 있다는 믿음과 희망을 갖고 있는가?

타인을 대하는 태도를 보면 그 생각을 알 수 있다. 곧 행동에서 생각이 드러난다. 괴테의 말도 태도의 중요성을 강조하고 있다.

"현재의 모습만 보고 상대방을 대하라. 그러면 그를 망칠 것이다. 하지만 미래의 모습을 보고 상대방을 대하면 그 미래가 현실로 이루어질 것이다."

희망은 양육을 통해 남에게 줄 수 있는 최대의 선물이다. 왜냐하면 자아상이 약하거나 자신의 소중함을 깨닫지 못한 경우라 할지라도 희망만 있으면 미래의 꿈을 위해 계속해서 나아갈 수 있기 때문이다.

《배우자의 자존을 높여주어라》Building Your Mate's Self-Esteem를 쓴 작가 데니스 레이니Dennis Rainey는 이 책에서 잠재력을 극한까지 끌어올리는 '희망'을 주제로 놀라운 이야기를 해주고 있다.

학교 생활에 큰 어려움을 느끼는 토미라는 아이가 있었다. 토미는 질문 던지기를 좋아했지만 수업을 제대로 따라가지 못했다. 도무지 무엇 하나 잘하는 게 없었다. 선생님은 결국 토미를 포기할 수밖에 없었다. 그리고 어느 날 토미의 엄마를 불러 가능성이 없는 토미를 더 이상 가르칠 수 없다고 말했다. 하지만 토미의 엄마는 양육의 참뜻을 알고 있었다. 그녀는 토미의 가능성을 믿었다. 그래서 토미를 포기하지 않고 집에서 가르쳤고 아무리 실패해도 포기하지 않도록 용기를 심어주었다.

토미에게 어떤 일이 벌어졌을까? 그는 훗날 발명가가 되어 축음기와 최초의 백열 전구를 비롯해 수천 가지 발명품의 특허권을 획득했다. 그의 이름은 바로 토머스 에디슨Thomas Edison이다.[6] 이처럼 희망을 가진 사람에게 한계란 없다.

자연스럽게 양육하는 법

태어나면서부터 남을 양육할 수 있는 사람은 드물다. 대부분의 평범한 사람들이라면 남을 사랑하고 유익한 영향을 미치기가 여간 힘든 게 아니다. 특히 애정을 받지 못하고 자란 사람은 더욱 그렇다. 반면에 누구라도 남을 양육하고 가치를 더해줄 수도 있다. 바로 타인을 배려하는 마음을 기르면 남을 양육하는 즐거움과 그 삶에 영향을 미치는 특권을 누릴 수 있다. 그 방법은 다음과 같다.

모든 노력을 기울여라. 양육하는 사람이 되기 위해 모든 노력을 기울여라. 모든 노력을 기울여 남을 도우면 자신의 우선 순위와 행동이 변한다. 타인을 사랑하는 사람은 항상 누군가를 도울 방법을 찾는다. 반면 타인에 대해 무관심한 사람은 핑계거리만 찾는다.

믿어주어라. 사람은 가까운 사람들의 기대에 따라 성공하기도 하고 실패하기도 한다. 상대방에게 신뢰와 희망을 주어라. 그러면 그는 그 기대를 저버리지 않기 위해 무슨 일이라도 할 것이다.

가까이 다가가라. 멀리 떨어져서 양육할 수는 없다. 타인을 양육하려면 처음에는 함께 보내는 시간을 많이 가져야 한다. 하지만 점점 관계가 깊어지고 그가 자신을 신뢰하게 되면 개인적인 접촉의 횟수를 줄여도 된다. 그전에는 가까이 다가가 깊은 관계를 맺어야 한다.

대가 없이 주어라. 상대방에게 뭔가 바라는 것이 있으면 진정한 리더가 될 수 없다. 리더는 양육한다는 마음을 가져야 한다. 대가를 바라지 말고 거저 주어라. 19세기 경제학자 헨리 드러먼드Henry Drummond는 이렇게 말했다. "삶을 돌이켜보라. 진정한 삶을 영위한 때는 사랑하는 마음을 가졌을 때뿐일 것이다."

기회를 주어라. 양육을 받은 사람이 어느 정도 성장하면 스스로 성장하고 성공할 수 있는 기회를 주어라. 물론 양육하기를 멈추면 안 되지만 많은 성과를 거둘수록 그는 용기와 자신감을 갖고 기회에 도전할 수 있게 된다.

더 높은 수준으로 이끌어라. 양육의 최종 목표는 상대방이 잠재력을 최대로 발휘해 더 높은 수준에 이르도록 돕는 것이다. 그런 의미에서 양육은 상대방에게 성장의 발판을 마련해주는 것이다.

전하는 바에 의하면 월트 디즈니Walt Disney는 세상에 오직 세 가지 유형의 사람만 있다고 말했다고 한다. 첫째, 남의 용기를 꺾고 창의력을 짓밟으며 할 수 없다고 말하는 사람이 있다. 마치 독사와도 같은 사람이다. 둘째, 해를 끼치지는 않지만 자기중심적인 사람이 있다. 그런 사람은 자신의 뜰은 잘 가꾸지만 절대 남을 돕지 않는다. 마지막 셋째, 삶을 풍요롭게 하는 사람이 있다. 그런 사람은 타인의 삶도 풍요롭게 하고 용기를 주는 사람이다.

우리는 삶을 풍요롭게 하는 사람이 되기 위해 노력해야 한다. 양육을 통해 타인의 성장과 잠재력 발휘에 도움을 주어야 한다. 물론 시간과 노력이 들지만 그만한 가치는 충분히 있다. 다음 장부터는 어떻게 하면 타인의 성장을 도울 수 있는지 그 방법에 대해 구체적으로 살펴보자. 요한 웨슬리에 관한 다음 이야기는 격려와 양육의 효과를 매우 감동적으로 보여주고 있다. 요한 웨슬리는 이 책의 서두에서 언급한 영향력 있는 사람 중 한 명이다. 1791년 웨슬리는 영국 노예무역의 폐지를 위해 한참 투쟁하고 있던 영국 의회의 윌리엄 윌버포스William Wilberforce에게 한 장의 편지를 보냈다. 그 후로 유명해진 그 편지의 내용은 다음과 같다.

> 친애하는 선생님께
> 하나님의 힘이 당신을 키우지 않았다면…… 당신은 종교와 영국, 더 나아가 인간 본성의 적인 혐오스러운 그 죄악에 맞서 영광스러운 투쟁을 시작하지 못했을 겁니다. 하나님이 바로 이 일을 위해 당신을 키우지 않았다면 당신은 인간의 적과 악마에게 무릎을 꿇었을 겁니다. 하지만 "하나님께서 당신 편이면 누가 감히 대적하리요?" 하나님보다 강한 자는 어디에도 없습니다. 그러니 "선을 행하되 낙심하지 마십시오!" 하나님의 이름과 그 강대하심으로 끝까지 나아가십시오. 해 아래 가장 사악한 미국의 노예제도가 사라질 때까지…….
> 어릴 적부터 당신을 인도하신 분께서 이 일뿐 아니라 앞으로도 당신을 강하게 하시기를 기원합니다.
>
> 1791년 2월 26일 런던에서
> 당신의 친애하는 종, 웨슬리

제2장 | 믿음과 격려로 양육하라

그 편지를 보낸 지 4년 만에 웨슬리는 88세를 일기로 세상을 떠났다. 하지만 윌버포스의 삶에 미친 그의 영향력은 그 후로도 오랫동안 사라지지 않았다. 당시 윌버포스는 노예제도 폐지에 대해 의회의 승인을 얻지 못했지만 싸움을 포기하지 않았다. 중상모략과 위협을 무릅쓰고 수십 년 동안 싸움을 계속했다. 그리고 지치고 힘들 때면 웨슬리의 편지를 읽으며 용기를 얻었다. 1807년 마침내 노예무역이 폐지되었다. 그리고 1833년 윌버포스가 세상을 떠난 지 몇 달 만에 대영제국 전역에서 노예제도가 법으로 금지되었다.

윌버포스는 공직에 있을 때 많은 사람에게서 비난을 받았다. 그러나 죽은 후에는 그 시대의 가장 존경받는 사람의 하나로 웨스트민스터 사원에 안치되었다. 다음은 그의 비문의 일부이다.

> 모든 면에서 대중의 편에 선 훌륭한 인물이자
> 박애를 위해 모든 노력을 기울인 리더.
> 동포의 육체적, 영적 필요를 충족시킨 인물.
> 신의 축복으로 영국에서
> 미국 노예무역이라는 죄악을 쫓아버린 영웅.
> 대영제국의 모든 식민지에서 노예제도 폐지의 길을 닦은 업적,
> 그의 이름은 이런 업적으로 칭송 받으리라.

여러분의 주위에도 양육하기만 하면 대성할 수 있는 윌리엄 윌버포스와 같은 사람이 있을지 모른다. 그런 사람을 발견할 수 있는 유

일한 방법은 타인을 배려하는 마음을 갖고 만나는 사람마다 가치를 더해주는 양육자가 되는 것이다.

| 영향력 점검표 |

양육하는 법

☐ **집과 회사, 교회에서 양육하는 분위기를 조성하라**
주위 사람에게 사랑과 자존감, 안정감을 주겠다는 목표를 가져라. 그러기 위해 상대방의 흉을 말하기보다 장점을 찾아 말해주어라.

☐ **특별한 격려를 하라**
이번 달에 격려할 사람을 두세 명 선택하라. 각 사람에게 짧은 글을 써 보내고 그들과 가까이 지내라. 대가를 바라지 말고 그들에게 시간을 투자하라. 그러고 나서 월말에 그들에게 긍정적인 변화가 있었는지 점검하라.

☐ **관계를 회복하라**
여러분이 과거에 나쁜 영향을 미쳤던 한 사람을 선택하라. 동료, 가족, 직원 등 누구라도 상관없다. 그 사람을 찾아가서 과거의 행동이나 말에 대해 사과를 하라. 그러고 나서 그의 장점을 찾아 말해주어라. 다음 몇 주간에 걸쳐 그와의 관계를 어떻게 회복할지 고심하라.

제3장

성공할 수 있다는 믿음을 심어주어라
Faith in People

누구나 자기 안에 위대함의 씨앗을 품고 있다.
비록 그 씨앗이 아직 싹을 피우지 못했다 하더라도
누군가 믿어주면 그 씨앗에서 싹이 피어나게 마련이다.
한번 믿어줄 때마다 생명의 물과 온기, 음식, 햇빛을 주는 것이다.

Faith in People

　　　　　　짐 도넌은 뉴욕 주에 위치한 나이아가라폴스에서 자랐다. 오늘날 나이아가라폴스의 인구는 약 60,000명이지만 짐이 살 때만 해도 거의 100,000명에 육박했다. 당시 나이아가라폴스는 뒤퐁 화학회사 등이 위치한 산업 중심지였다. 또한 백 년 가까이 된 유서 깊은 대학뿐 아니라 아름다운 자연 경관을 뽐내고 있는 폭포 등이 있는 문화의 중심지이기도 했다.

　이로쿼이 인디언들은 이 폭포를 '물벼락'을 뜻하는 나이아가라라고 불렀다. 높이가 약 50미터에 달하는 이 장엄한 폭포 위쪽에서는 매분 370만 입방미터의 물이 떨어진다. 그리고 캐나다에서 미국에 걸친 총 너비는 900미터 이상이다. 가히 세계적인 경관의 하나라고 할 만하다. 짐 도넌은 다음과 같이 말한다.

　　어렸을 적 우리는 나이아가라 폭포와 용감하게 그 폭포를 건넌 곡예사들에 관한 이야기를 많이 들었다. 예를 들면 원통을 들고 나이아가라 폭포를 건넌 애니 에드슨 테일러 등에 관한 이야기였다. 그 중 1824년에서 1897년까지 생존한 프랑스 곡예사 샤를 블롱댕은 가히 전설적인 인물이었다. 1859년 그는 팽팽한 줄을 타고 나이아가라 폭포를 횡단했다. 줄에서 떨어지면 즉사였기 때문에 참으로 강철 같은 담력이라 아니 할 수 없었다. 그는 그 후에도 여러 번 나이아가라 폭포를 건넜다. 한 번은 손수레를 들고, 또 한 번은 눈을 가리고 건넜다. 그런가 하면 죽마를 타고 건넌 적도 있었다. 정말 장관이었다고 한다. 블롱댕은 70세까지 줄타기 곡예를 멈추지 않았다.

그 중에서도 블롱댕 묘기의 극치는 다른 사람을 업고 나이아가라 폭포를 건넌 것이었다. 상상이 가는가? 물론 블롱댕 정도의 실력이면 혼자 건너기는 그리 어렵지 않다. 하지만 다른 사람을 업고 건너기란 블롱댕에게도 쉽지 않았을 것이다. 게다가 업혀 갈 사람을 어떻게 설득할 수 있었는지 궁금하기 짝이 없다.

그 열쇠는 바로 신뢰였다. 블롱댕이 세계에서 가장 거대한 폭포 위에 처진 줄을 타고 800미터 이상을 건너려고 할 때 그의 등에 업힐 수 있었던 것은 바로 신뢰 때문이었다.

아이였을 때 가끔 이 문제에 관해 생각하곤 했다. 줄 위에서 바라보는 폭포는 어떤 모습일까? 그리고 더욱 중요하게는 그 사람이 블롱댕을 믿었던 것처럼 나를 믿고 내 등에 업힐 사람이 있을까?

상대방에 대한 신뢰

블롱댕이 업고 폭포를 건넌 사람이 누구인지는 알 수 없다. 그러나 그 사람이 블롱댕을 굳게 신뢰했다는 사실은 틀림이 없다. 한마디로 그는 블롱댕에게 생명을 맡겼다. 타인에 대한 이만한 신뢰는 정말 찾아보기 어렵다.

상대에 대한 신뢰는 남과 일할 때 영향력을 발휘하는 데 꼭 필요한 자질이다. 그러나 오늘날에는 이러한 자질을 가진 사람이 매우 드물다. 신뢰에 관한 다음 네 가지 사실에 관해 생각해보자.

1. 대부분의 사람들은 자신을 신뢰하지 않는다

얼마 전 제프 맥넬리 Jeff MacNelly 의 네 컷짜리 연재만화 《슈》 Shoe 에는 무뚝뚝한 신문 편집자 슈가 투수로 마운드에 서 있는 장면이 있었다. "자네의 커브에 자신감을 갖게."라고 포수가 말하자 다음 장면에서 슈가 대답한다. "말은 쉽지만 솔직히 내 자신을 믿기가 어렵다네."

오늘날 너무 많은 사람들이 자신을 믿지 못한다. 그리고 실패할까 두려워한다. 심지어 터널 끝에 빛이 보여도 그것을 자신에게 달려오는 기차로 생각하고 절망하고 만다. 항상 부정적인 측면만 보는 것이다. 그러나 현실은 오히려 자신을 신뢰하지 못해 실패하는 사람들이 더 많다.

> 신뢰를 받는 사람은 불가능한 일을 해낸다.
> −낸시 도넌

자신을 믿는 약간의 신뢰만 있어도 엄청난 일을 해낼 수 있다. 하지만 그렇지 않으면 정말 곤란한 상황에 빠지고 만다.

2. 대부분의 사람들은 신뢰를 받지 못한다

제임스 켈러James Keller는 자신의 저서 《바로 오늘을 위해》Just for Today에서 이런 이야기를 한다. "길가에 한 꽃장수가 있었는데 도무지 장사가 잘 되지 않았다. 그러던 어느 날 갑자기 좋은 생각이 떠오른 꽃장수는 이런 간판을 내걸었다. '이 10센트짜리 꽃 한 송이면 여러분은 하루 종일 대단한 사람이 된 기분이 들 것입니다.' 그 즉시 꽃은 날개 돋친 듯이 팔리기 시작했다."

오늘날 우리 사회에서는 많은 사람들이 소외감을 느끼고 있다. 한때 대부분의 미국인이 가지고 있던 강력한 공동체 의식은 사라진 지 오래다. 30~40년 전 흔하던 가족 간의 사랑도 사라졌다. 복음 전도자인 빌 글래스Bill Glass는 "수감자의 90퍼센트는 어렸을 적 부모로부터 '너는 커서 감옥에 가게 될 거야.'라는 말을 듣고 자랐다."라고 지적했다. 이처럼 아이에게 자신감을 가지라고 가르치는 대신 희망을 빼앗아 버리는 부모가 있다. 심지어 가장 가까운 사람에게서조차 신뢰를 받지 못하는 사람도 많다. 자신의 편이 아무도 없는 것이다. 그러나 우리는 꽃처럼 하찮은 것조차 하루의 삶을 즐겁게 바꾸어 놓을 수 있다는 사실을 알아야 한다.

3. 대부분의 사람들은 상대방이 자신을 믿는지 안 믿는지 금세 알아챈다

사람들은 상대방이 자신을 믿는지 안 믿는지 금세 알아챈다. 그리고 그 믿음이 진실인지 거짓인지도 알아낸다. 진실한 신뢰야말로 타인의 삶을 변화시킬 수 있다. 이러한 관점에서 짐 도년의 아내 낸시는 "신뢰를 받는 사람은 불가능한 일을 해낸다."고 말하곤 한다.

로버트 슐러Robert Schuller 목사는 캘리포니아 주에 위치한 가든 그로브시의 크리스탈 교회에서 시무하고 있다. 나의 친구이기도 한 그는 자신의 책 《불가능은 없다》Move Ahead with Possibility Thinking 에서 어렸을 적 그의 삶을 바꾸어 놓은 놀라운 사건에 관해 이야기하고 있다. 바로 그의 삼촌이 그에 대한 믿음을 말과 행동으로 보여준 사건이었다.

> 어려움 때문에 패배하는 것이 아니다. 오히려 자신을 신뢰하지 못해 실패하는 경우가 많다.

삼촌의 차가 페인트칠을 하지 않은 헛간을 지나 먼지가 자욱한 우리집 정문 앞에 섰다. 나는 꺼칠꺼칠한 현관 바닥을 맨발로 달려나가 헨리 삼촌이 차에서 내리는 모습을 지켜보았다. 헨리 삼촌은 키가 큰 미남이었을 뿐 아니라 온 몸에 생기가 넘쳐흘렀다.

그런 삼촌이 수년 동안 중국에서 선교사로 활동하다가 오늘 아이오와 주에 있는 우리 농장을 방문한 것이었다. 삼촌은 낡은 현관으로 달려와 네 살 먹은 나의 어깨에 그 커다란 손을 얹었다. 그리고는 활짝 웃으며 헝클어진 내 머리를 쓰다듬었다. "이야! 너

로버트 맞지? 언젠가 너는 목사님이 될 거야."

그날 밤 나는 몰래 기도를 드렸다.

"사랑하는 하나님, 저를 목사님으로 만들어주세요!"

그때 거기서 하나님이 나를 가능성을 보는 사람으로 만들어주셨음이 분명하다.

영향력 있는 사람이 되고 싶다면 타인이 자신을 높이 평가해주기를 바라지 말라. 대신 타인이 당신을 높이 평가하도록 만들라. 즉 타인을 신뢰하라. 그러면 상대방은 신뢰를 받은 만큼 자신감 있는 행동을 보일 것이다.

4. 사람들은 자신에 대한 신뢰에 보답하기 위해 무슨 일이라도 한다

사람들은 보통 타인들이 자신에게 거는 기대 수준에 맞게 행동한다. 만약 누군가가 의심과 불신을 품는다면 평범한 행동으로 반응한다. 그러나 신뢰와 높은 기대를 보여준다면 최선을 다해 보답한다. 그리고 그 과정에서 서로가 유익을 얻는다. 이에 대해 미국의 작가 존 스폴딩 John H. Spalding 은 다음과 같이 표현했다. "타인의 능력을 믿어주는 사람은 기운을 북돋는 데에서 그치지 않고 성공 가능이 높은 분위기를 창출한다."

지금까지 타인을 신뢰하지 않았다면 지금 당장 사고방식을 바꾸고 타인을 믿기 시작하라. 그러면 자신의 삶이 훨씬 풍요로워질 것이다. 상대를 믿어준다는 것은 놀라운 선물을 주는 것과 다르지 않다. 예컨대 돈은 주면 금세 써버리고 물건을 주면 제대로 사용하지 못할 수도 있다. 그렇다고 도움을 줘봤자 그때뿐이기 일쑤이다. 하지만 자신감을 심어주면 열정과 독립심이 생긴다. 그러고 나서 돈과 물건, 도움을 주면 비로소 그것을 잘 활용해 더 나은 미래를 만들 수 있다.

신뢰는 진심을 다해 믿는 것이다

1800년대 말 한 세일즈맨이 동부 지방을 출발해 대초원 지대에 있는 한 국경 마을에 도착했다. 한 잡화점에 들어가 주인과 한참 이야기를 하는데 한 목장 주인이 들어왔다. 잡화점 주인은 양해를 구한 후 그 목장 주인에게 다가갔다. 세일즈맨은 우연히 둘의 대화 내용을 듣게 되었는데, 목장 주인이 외상을 해달라는 내용이었다.

잡화점 주인이 물었다.

"제이크 씨 이번 여름에 울타리를 칠 겁니까?"

"물론입니다. 빌 씨."

"그러면 울타리를 넓힐 겁니까? 아니면 줄일 겁니까?"

"넓힐 겁니다. 강 건너까지 백만 평방미터 정도 확충할 계획입니다."

"좋은 계획이군요. 그럼 외상을 해드리겠습니다. 스티브에게 가서 필요한 물건을 말씀하십시오."

듣고 있던 세일즈맨은 어안이 벙벙해졌다.

"저는 이런 외상 거래를 한 번도 본 적이 없습니다. 도대체 무엇을 믿고 그런 거래를 하는 것입니까?"

잡화점 주인의 설명은 이러했다. "말씀해 드리지요. 울타리를 줄이는 사람은 소극적이라고 말할 수 있습니다. 그저 현재 가진 것을 고수하는 것이지요. 반면 울타리를 넓히는 사람은 발전하려고 노력하는 중이지요. 저는 항상 울타리를 넓히는 사람에게만 외상을 줍니다. 그런 사람은 자신을 믿기 때문이지요."

상대방을 신뢰한다는 것은 단순한 말이나 호감 이상의 것이 필요하다. 행동으로 그 신뢰를 증명해 보여야 한다. 포인트 로마 대학의 명예교수 퍼카이저W. T. Purkiser는 이 점을 통감하고 있었다. "신뢰는 그저 사실이라고 생각하는 것 이상이다. 신뢰는 행동으로 옮길 정도로 믿는 것이다."

상대방을 돕고 그의 삶에 긍정적인 영향을 끼치고 싶다면 그에 대한 신뢰감을 행동으로 보여야 한다. 랄프 왈도 에머슨은 신뢰의 중요성에 대해 "남을 믿어주면 그는 당신을 진심으로 대할 것이다. 그를 위대한 사람으로 대하면 그는 정말로 위대한 사람이 될 것이다."라고 말했다.

상대방을 믿어주어라. 그러면 아무리 자신감이 부족하고 경험이 없는 사람이라도 여러분의 눈앞에서 대성할 것이다.

상대방을 믿는 법

운 좋게도 짐 도넌과 나는 건전한 환경에서 어린 시절을 보냈다. 그 결과 상대방을 쉽게 믿고 그러한 믿음을 표현할 줄 안다. 하지만 우리들처럼 건전한 환경에서 자라지 못한 사람도 있다. 사실 대부분의 사람들은 아직도 상대방을 믿는 법을 '배워야' 하는 실정이다. 상대방에 대한 믿음을 갖기 위해 'BELIEVE'의 각 철자로 시작되는 다음의 교훈이 도움이 될 것이다.

상대방이 성공하기 전에 믿어라(Believe)

스포츠 팀이 승리를 거듭할수록 많은 팬이 생겨난다. 2년 전 샌프란시스코의 차저스 Chargers가 디비전에서 플레이오프를 거쳐 슈퍼볼까지 진출했을 때에도 그랬다. 당시 온 도시는 흥분의 도가니에 빠졌다. 집, 자동차 창문 등 어느 곳에서나 차저스의 번갯불 심볼을 볼 수 있을 정도였다.

차저스의 인기가 하늘을 찌르던 어느 날 아침, 지역 라디오 관계자인 제프와 저는 스타디움에서 큰 행사를 열기로 계획하고 샌프란시스코 주민들을 끌어 모았다. 두 사람의 계획은 사람들에게 차저스 티셔츠를 나누어준 뒤 주차장에서 그들을 정렬시켜 커다란 번갯불 모양을 만드는 것이었다. 그런 다음 헬리콥터에서 그 사진을 찍어 다음날 신문에 실을 예정이었다. 그러기 위해서는 2천 명이 필요했지만 제프와 저는 적어도 그 정도는 모일 것이라 확신했다.

그런데 놀랍게도 실제로는 너무 많은 사람들이 모여들어 티셔츠가 금방 바닥이 났으며 '인간 번갯불'을 완성하고도 남아 테두리 장식까지 만들 수 있었다. 다음 날 이 인간 번개는 신문의 일면을 화려하게 장식했으며 미국 주요 뉴스에서 보도되었다.

누구나 승자를 좋아한다. 그리고 이미 자신을 증명해 보인 승자를 믿기란 그리 어렵지 않다. 반면 아직 증명되지 않은 사람을 믿기는 정말 어렵다. 그러나 그러한 믿음이야말로 동기 유발의 핵심이다. 따라서 상대방이 성공하기 전에, 아니 심지어 상대방이 자기 자신을 믿지 못하고 있을 때 믿어주어야 한다. 프랑스 출신의 작가이자 윤리학자 조제프 주베르Joseph Joubert는 이렇게 말했다. "자신을 신뢰하지 못하면 남을 신뢰할 수 없다. 확신을 가진 자만이 남에게 확신을 심어줄 수 있다."

누군가를 믿겠다고 생각했다면 자기 자신을 믿지 못하는 사람까지도 믿어주어라.

주위를 둘러보면 자신을 믿으려고 필사적으로 노력하지만 결국은 실패하는 사람이 있다. 바로 그런 사람과 교제하면서 제1차 세계대전의 영웅 페르디낭 포슈Ferdinand Foch 사령관의 다음 모토를 마음에 새겼다. "절망적인 상황이란 없다. 다만 스스로 절망을 키우는 사람만 있을 뿐이다."

누구나 자기 안에 위대함의 씨앗을 품고 있다. 비록 그 씨앗이 아직 싹을 피우지 못했다 하더라도 누군가 믿어주면 그 씨앗에서 싹이 피어나게 마련이다. 한번 믿어줄 때마다 생명의 물과 온기, 음식, 햇빛을 주는 것이다. 그리고 그러한 믿음을 통해 계속해서 용기를 주면 언젠가 아름다운 꽃을 피우게 된다.

장점을 강조하라(Emphasize)

앞서 말했듯이 많은 사람들이 타인의 삶에 영향력을 발휘하기 위해 '권위'를 갖고 타인의 잘못을 지적할 줄 알아야 한다고 잘못 생각하고 있다. 그런 생각을 갖고 있는 사람은 미국의 유명한 만화가 찰스 먼로 슐츠Charles Schulz의 만화 《피너츠》Peanuts에 등장하는 루시와 다를 바 없다. 만화에서 루시는 기가 죽어 있는 찰리 브라운에게 이렇게 말한다.

> 상대방이 자신을 증명해 보이기 전에 믿어주는 것은 동기 유발과 잠재력 계발의 핵심이다.

"찰리, 너는 인생의 직선 타구에서 파울 볼이야. 자살골에다 큐 실책에 18번 그린의 쓰리 퍼트야. 또 10번 프레임의 7~10번 핀 스플릿이고 프리 드로우 실책이야. 그뿐인 줄 아니? 9번 아이런의 생크이자 삼진 아웃이야. 알아?" 설령 그것이 사실이라 해도 이렇게 해서는 타인의 삶에 긍정적인 영향을 미칠 수 없다.

타인에게 긍정적인 영향을 미치려면 정반대의 태도를 취해야 한다. 즉 상대방에 대한 믿음을 보여주고 동기를 유발할 수 있는 최선의 방법은 상대방의 장점에 관심을 집중하는 것이다. 작가 겸 광고인인 브루스 바턴Bruce Barton에 따르면, "자신의 내면에 있는 것이 환경보다 강하다는 믿음 없이는 위대한 업적을 이룰 수 없다."

장점을 강조하는 태도는 곧 성공할 수 있다는 믿음을 심어준다는 말과 같다.

상대방이 잘하는 것을 개인적, 공개적으로 칭찬하라. 그의 장점과 기술이 얼마나 대단한지 이야기해주어라. 또 기회가 있을 때마다 가족과 가까운 친구 앞에서 그를 칭찬하라.

과거의 성공을 상기시켜라(List)

때로는 장점을 강조하는 것만으로 충분하지 않은 경우도 있다. 이 경우 상대방에 대한 믿음을 표현하고 동기를 유발하기 위해 더 많은 격려가 필요하다. 기업가 메리 케이 애쉬 Mary Kay Ash 는 이렇게 말했다. "누구나 '저에게 자신감을 심어주세요!' 라는 보이지 않는 표지판을 목에 걸고 있다. 타인과 일할 때 이 점을 잊지 말라."

자신감을 심어주는 확실한 방법은 과거의 성공을 상기시키는 것이다. 아래의 다윗과 골리앗의 이야기는 과거의 성공이 자신감을 심어줄 수 있다는 사실을 잘 보여주고 있다.

키가 2미터 50센티미터나 되는 블레셋 장군 골리앗은 40일 동안 밤낮 없이 이스라엘 군대를 조롱했다. 겁쟁이처럼 숨어 있지 말고 자기와 싸울 전사를 내보내라는 것이었다. 40일째 되던 날 다윗이라는 어린 목동이 이스라엘 병사인 형들에게 음식을 갖다 주기 위해 전장으로 찾아왔다. 그 전장에서 다윗은 조롱을 퍼붓는 거인 골리앗을 보게 되었다. 그는 화가 머리끝까지 솟아 이스라엘 왕 사울을 찾아가 자신이 골리앗을 상대하겠다고 말했다. 다음은 그 이후 벌어진 일이다.

다윗이 사울에게 말했다.

"이 블레셋 인 때문에 겁먹을 필요는 없습니다. 당신의 종이 나가 그와 싸우겠습니다."

"자네같이 어린 목동이 이 블레셋 인을 대적할 수는 없네. 그는 어렸을 적부터 싸움을 해 온 전사라네."

이러한 사울의 말에도 다윗은 뜻을 굽히지 않았다.

"당신의 종은 아버지의 양을 돌보고 있습니다. 사자나 곰이 무리에서 양을 채가면 저는 끝까지 쫓아가 그 맹수의 입에서 양을 구해냈습니다. 그 맹수가 제게 달려들기라도 하면 저는 털을 잡고 몽둥이로 쳐서 죽였습니다. 사자와 곰이라도 저를 당해낼 수 없었습니다. 사자와 곰의 발톱에서 저를 구해내신 주님이 이 블레셋 인의 손에서도 구해주실 것입니다."

다윗은 과거의 성공을 통해 미래를 향한 자신감을 얻었다. 그 결과 돌멩이와 물매로 거인 골리앗을 썩은 나무처럼 쓰러뜨렸다. 그리고 골리앗의 머리를 잘라 이스라엘 병사들에게 용기를 주었다. 그 다음은 말하지 않아도 뻔하다. 이스라엘 군대는 블레셋 군대를 크게 물리쳤다.[1]

누구나 자연스럽게 과거의 성공을 기억하고 자신감을 얻을 수 있는 것은 아니다. 어떤 사람들은 누군가의 도움을 필요로 한다. 또한 과거에 잘해왔고 그러한 과거의 성공이 미래의 성공으로 이어질 수 있다는 사실을 깨달은 사람만이 더욱 과감하게 행동할 수 있다.

상대방이 자기 자신을 믿을 수 있도록 과거의 성공을 상기시켜라.

실패할 때 자신감을 불어넣어라(Instill)

상대방을 격려하고 믿어주면 그는 자신의 성공을 확신하기 시작하고 이내 삶의 중요한 기로에 서게 된다. 물론 인생이 으레 그렇듯이 처음 한두 번은 실패를 할 수도 있다. 그런 순간에 포기할 것이냐 계속 나아갈 것이냐, 두 가지 길이 있다. 어떤 사람은 당장 눈앞에 아무런 진전이 없어도 적극적으로 성공을 향해 노력한다. 반면 그러한 결단력이 없는 사람도 있다. 그런 사람은 고난이 닥쳐오면 금방 포기해버린다. 바로 이런 사람에게는 실수나 부진한 성과에 상관없이 변함없는 신뢰를 보여주어야 한다.

여러분이 과거에 겪은 고난에 대해 얘기해주는 것도 하나의 방법이 될 수 있다. 때때로 사람들은 성공한 사람을 보면 그 사람이 항상 순탄한 길만을 걸어왔으리라 생각하기 쉽다. 성공한 사람에게도 나름대로의 좌절과 실패가 있었다는 사실을 깨닫지 못한다. 그런 사람에게 성공은 하나의 과정일 뿐 종착역이 아니라는 사실을 말해주어라. 여러분 자신도 실패한 경험이 있으며 아직도 성공을 위해 애쓰고 있다는 사실을 말해준다면 듣는 이도 실패를 성공의 어머니로 삼을 여유가 생길 것이다. 다시 말해 "스트라이크 아웃을 두려워 말라."고 말한 야구계의 전설 베이브 루스 Babe Ruth 와 같은 사고방식을 갖게 될 것이다.

함께 성공을 경험하라 (Experience)

실패가 성공의 어머니라는 사실을 머리로 아는 것만으로는 충분하지 않다. 실제로 성공을 향해 나아가기 위해서는 '할 수 있다'는 강한 믿음이 필요하다. 다음의 이야기에서 내가 어렸을 적 경험한 성공의 짜릿함을 느껴보라.

> 어렸을 적 나의 우상은 나보다 두 살 많은 친형 래리였다. 형은 어렸을 적 부모님 다음으로 내 인생에 많은 영향을 주었다. 형은 항상 대장이었고 운동에 뛰어난 소질을 갖고 있었다. 우리가 동네 친구들과 함께 농구나 축구, 야구를 할 때면 형은 항상 대장이었다.
>
> 형이 팀원을 뽑을 때면 나는 으레 마지막으로 뽑혔다. 내가 남들보다 어리고 작았기 때문이다. 하지만 내가 나이를 한두 살 더 먹어가면서 형이 나를 뽑는 횟수는 점점 늘어났다. 나는 뽑힐 때마다 뛸 듯이 기뻐했는데 이는 단순히 형이 나를 인정해주었기 때문만은 아니었다. 형과 같은 팀이 되면 이길 수 있다는 사실이 내게는 더 중요했다. 형은 지기를 무척 싫어했다. 항상 이기기 위해 최선을 다했고 실제로 대부분의 경기에서 이겼다. 그래서 내게는 형과 함께라면 항상 이길 수 있다는 자신감이 있었다.

승리는 용기를 선물한다. 소설가 데이비드 암브로스David Ambrose도 이러한 사실을 인정했다.

"성공하고자 하는 의지만 있으면 반은 성공한 것이다. 반면 그렇지 않으면 반은 실패한 것이다."

누군가와 함께 성공을 경험하면 성공할 수 있다는 자신감이 생기고 실제로 성공을 향해 나아가게 된다. 그러면 그 삶에 놀라운 변화가 일어난다. 승리를 바라볼 때와 패배를 두려워할 때의 차이는 다음과 같다.

승리를 바라볼 때	패배를 두려워할 때
승리를 위해 희생을 감내한다.	가능한 적은 노력을 기울인다.
승리할 방법을 찾는다.	변명거리를 찾는다.
열정을 가진다.	쉽게 지친다.
계획을 따른다.	계획을 포기한다.
팀 동료에게 도움을 준다.	타인에게 피해를 준다.

상대방에게 승리에 대한 확신을 심어주려면 작은 승리를 경험하게 하라. 충분히 할 수 있는 일 또는 책임을 맡겨라. 그리고 필요한 도움을 주어라. 그리스의 웅변가 데모스테네스Demosthenes는 "종종 작은 기회가 위대한 모험의 시작이 된다."고 말했다. 시간이 지나 자신감이 자라면 어려운 도전에 임해서도 지금까지의 성공을 기억하며 끝까지 나아갈 수 있다.

미래의 성공을 상상하라(Visualize)

과학자들이 서로 다른 환경에서 실험용 쥐들의 생존 능력을 실험한 적이 있었다. 먼저 완전히 깜깜한 장소에서 대야에 쥐를 한 마리 빠뜨린 후 익사하기까지의 시간을 쟀는데 3분 이상을 버티지 못했다.

그런 다음 또 다른 쥐를 같은 대야에 빠뜨렸는데 이번에는 빛을 완전히 차단하지 않고 한 줄기 빛을 비추었다. 그랬더니 그 쥐는 36시간이나 살아 있었다. 완전히 깜깜한 장소의 쥐보다 700배나 더 오래 버틴 셈이다. 그 이유는 빛, 다시 말해 희망이 있었기 때문이다.

실험용 쥐가 그럴진대 지능이 훨씬 높은 인간에게 희망이 얼마나 강한 영향을 미칠지는 두말할 필요가 없다. 사람은 음식 없이 40일, 물 없이 4일, 공기 없이 4분을 버틸 수 있다고 한다. 하지만 희망 없이는 4초도 견디지 못한다.

희망을 주고 미래의 성공을 말해주는 것은 성장시키고 동기를 부여하며 계속 나아갈 이유를 제공하는 것이다.

더 높은 수준의 삶을 기대하라(Expect)

독일의 정치인 콘라트 아데나워Konrad Adenauer는 "우리 모두는 같은 하늘 아래에서 살고 있지만 삶의 수준은 저마다 다르다."고 말했다. 영향력 있는 사람은 타인이 내일을 바라보고 더 큰 꿈을 꾸도록 만드는 일을 목표로 삼는다. 상대방이 더 멀리 바라보고 더 높은 수준의 삶을 꿈꾸게 만드는 방법은 서로 믿어주는 것이다.

새로운 삶의 방식에는 태도의 변화가 꼭 필요하다. 이 점에 대해 데니스 웨이틀리Denis Waitley는 이렇게 말했다.

"승자의 조건은 타고난 재능이나 높은 지능이 아니다. 승자의 조건은 소질이 아니라 태도이다. 태도야말로 성공의 잣대이다."

태도가 의심에서 자신감으로 바뀌면 삶의 모든 측면이 개선된다. 그러므로 자신의 능력과 잠재력에 자신감을 가져라.

수년 전 짐 도넌과 낸시는 상대방에 대한 신뢰가 얼마나 놀라운 능력을 발휘하는지 깨달았다. 당시 그들은 아들 에릭과 함께 유타 주로 가기로 결심했다. 다음은 그들 가족의 이야기이다.

장애우를 둔 부모는 아이에게 새로운 도전을 제시할지, 아니면 상처나 실패로부터 보호할지 두 가지 선택의 기로에서 망설이게 마련이다. 에릭과 함께 한 우리의 삶도 크게 다르지 않았다.

휠체어와 부자연스러운 오른손 등 여러 장애에도 불구하고 에릭은 매우 긍정적인 사고를 갖고 있다. 새로운 시도를 망설이는 사람은 에릭이 아니라 오히려 나와 낸시이다.

5년 전 낸시는 에릭에게 스키를 가르치겠다는 생각을 하게 되었다. 친구에게 유타 주 파크 시티에 있는 내셔널 어빌리티 센터 National Ability Center에 관한 이야기를 들었던 것이다. 거기서는 장애인에게 스키와 수영, 테니스, 수상 스키, 말타기 등의 기술을 가르치고 도움을 준다. 낸시는 이런 활동이 에릭의 자신감에 큰 도움이 되리라고 생각했다.

나는 마지못해 승낙했지만 처음부터 불안감을 떨칠 수 없었다.

나에게도 벅찬 그 활동을 에릭이 한다고 생각하니 도저히 상상이 되지 않았다. 어떻게 에릭이 3킬로미터 높이의 산에서 아래로 질주할 수 있단 말인가? 게다가 머리를 부딪치기라도 하면 또 다시 뇌수술을 받아야 한다고 생각하니 더 내키지 않았다. 하지만 낸시는 에릭이 할 수 있다는 믿음을 갖고 있었다. 물론 에릭도 자신감이 넘쳤다. 그래서 우리는 한번 시도해보기로 했다.

디어 밸리Deer Valley에 도착해 내셔널 어빌리티 센터에서 직원들을 만나보니 조금씩 안심이 되기 시작했다. 그들은 전문가였고 자신감이 충만했기 때문이다. 그들은 에릭이 사용할 장비를 보여주었는데 의자가 달린 바이 스키bi-ski였다. 에릭은 그 의자에 앉아 아우트리거 장착 스키에 붙은 막대를 이용해 조정할 수 있었다.

그런데 신청 서류의 내용을 읽자마자 우리는 온몸이 마비되는 듯했다. 서류에는 활동 도중 에릭이 크게 다쳐 영구 장애나 죽음으로 이어질 수도 있다는 내용이 있었다. 위험이 온몸으로 느껴졌지만 에릭은 매우 흥분했고 아무런 망설임도 보이지 않았다.

스테파니라는 젊은 강사는 에릭을 밸크로로 바이 스키에 단단히 고정시키고 포인터를 준 뒤 초심자용 코스로 데려갔다. 약 10분 후 우리는 에릭이 얼굴 가득 웃음을 머금고 언덕을 내려오는 모습을 볼 수 있었다. 너무도 자랑스러웠다. 우리는 에릭과 손바닥을 마주치고 등을 토닥여주었다.

스테파니와 에릭은 다시 산을 올라갔다. 우리에게는 말을 안

했지만 이번에는 산꼭대기까지 올라갔다. 그들이 올라간 후 산 아래에서 우리는 기다리고 또 기다렸다. 에릭이 스키를 타고 내려올지 아니면 스키 정찰대와 함께 들것에 실려 내려올지 너무도 걱정이 되었다. 약 30분이 지나자 마침내 에릭과 스테파니가 스키를 타고 내려오는 모습이 보였다. 에릭은 상기되어 입을 크게 벌린 채 웃고 있었다.

에릭이 우리 옆을 휙 지나가며 말했다.

"아빠, 한 번만 더 탈래요."

그 후로 에릭은 매일 스키를 탔다. 그러던 어느 날 스키를 타고 돌아온 에릭이 우리에게 뜻밖의 말을 했다.

"스테파니 선생님이 내일은 저와 같이 산에 오르지 않을 거래요."

그러자 낸시가 물었다.

"저런, 그럼 누구와 같이 스키를 타니?"

"한 외발 아저씨래요."

이 말에 낸시는 기겁을 했다.

"저런! 외발이라니 도대체 무슨 말이니?"

"맞아요. 외발 아저씨요."

그리고 나서 에릭은 장난스럽게 웃으며 말했다.

"그 아저씨가 어떻게 다리를 잃었는지 알아요? 글쎄 눈사태 때문이래요!"

그 후로 에릭은 매년 스키를 탔고 삶은 크게 달라졌다. 이제 에릭은 전에 볼 수 없던 자신감을 가지게 되었고 어떤 모험도 마다하지 않게 되었다. 일주일에 세 번 수영을 했고 웨이트트레이닝과 전동 휠체어 축구도 계속해나갔다. 에릭의 이러한 변화는 "하나를 할 수 있으면 무엇이든 할 수 있다."는 내셔널 어빌리티 센터의 모토 덕분이었다.

짐이 강력하게 반대했더라면 에릭은 5년 전 유타 주에서의 경험을 얻지 못했을지 모른다. 물론 짐이 에릭을 사랑하지 않는 것은 아니다. 단지 그는 너무 안전 위주였다. 진정한 신뢰란 위험까지도 맞서게 하는 신뢰이다. 그리고 그 대가는 위험을 보상하고도 남을 만한 것이다.

로버트 루이스Robert Louis는 "꿈과 잠재력의 실현이야말로 인생의 유일한 목적이다."라고 말했다.

상대방을 믿어주어라. 그러면 그는 잠재력을 현실 속에서 실현하고 여러분은 그에게 영향력 있는 사람이 될 것이다.

| 영향력 점검표 |

신뢰 관계를 만드는 법

☐ **장점을 찾아라**

용기를 주고 싶은 사람이 있는가? 그렇다면 그 사람의 장점을 찾아 말해주어라. 만날 때마다 그에 대한 신뢰를 표현하라.

☐ **과거의 성공을 이용하라**

누군가에게 곧 어려운 일을 맡겨야 한다면 그가 과거에 거둔 성공을 상기하라. 그러고 나서 그를 만날 때마다 그것들을 검토하라. 만약 이렇게 했는데도 과거의 어떠한 성공도 기억이 나지 않는다면 시간을 너무 적게 투자한 탓이다. 서로를 잘 알기 위해 충분한 시간을 투자하라.

☐ **지금 당장 시작하라**

조직을 위해 새로운 인력을 영입한 후에는 즉시 관계를 형성하라. 가만히 앉아서 그가 성공하기를 기다리기보다는 그의 인격과 능력에 대한 신뢰를 계속해서 표현하라. 그러면 여러분의 기대에 부응하려는 그의 모습을 즐거운 마음으로 지켜볼 수 있게 될 것이다.

제4장

타인의 말을 경청하라
Listens to People

"2주 동안 남의 말에 귀를 기울이기만 하면
남의 관심을 끌기 위해 2년 동안 노력한 것보다
더 많은 친구를 얻을 수 있다."

— 데일 카네기

Listens to People

　　여러분이 오늘 취직을 위한 면접을 치러야 한다면 어떤 기술이 가장 필요할 것 같은가? 멋진 이력서를 쓰는 글 솜씨인가? 아니면 면접을 하는 목적이 결국 자신을 팔기 위함이므로 판매 기술이 필요한가? 카리스마는 어떤가? 카리스마가 있다면 원하는 직장에 확실히 들어갈 것 같지 않은가?

　이번에는 여러분이 사람을 뽑아야 한다고 가정하자. 회사 직원, 교역자, 소프트볼 선수 등 누구라도 좋다. 인사 담당자로서 여러분에게 어떤 기술이 필요하겠는가? 분별력인가? 인재를 알아보는 안목인가? 아니면 비전을 제시해 동기를 유발하는 능력인가? 뛰어난 협상 기술인가?

　또 이번에는 조직을 위해 새로운 아이디어를 내놓는 것이 여러분의 임무라고 하자. 어떤 자질이 필요하겠는가? 창의력인가? 지식인가? 아니면 높은 교육 수준인가? 여러분에게 가장 필요한 능력은 무엇인가?

이 세 가지 일을 할 때에 재능, 분별력, 매력을 비롯한 그 무엇보다도 중요한 기술이 하나 있다. 뛰어난 리더들이 영향력을 발휘하고 성공하기 위해 꼭 필요한 요소로 꼽는 기술이다. 과연 무엇인지 알겠는가? 바로 '경청'하는 기술이다. 그런데 제대로 경청하는 기술의 중요성을 알고 있는 사람은 그리 많지 않다. 짐 도넌의 경험을 예로 들어보자.

나는 퍼듀 공과 대학을 졸업하자마자 약 40,000명의 직원을 거느린 맥도널 더글러스 McDonnell Douglas 사에서 사회 생활을 시작했다. 당시 나는 DC-10기의 고급 디자인 팀에서 일하면서 비행기 성능과 관련된 풍동 wind-tunnel 분석과 컴퓨터 시뮬레이션을 담당했다.

하지만 그 회사가 평생 몸담을 곳이 아니라는 걸 깨닫는 데에는 그리 오랜 시간이 걸리지 않았다. 20년 동안 그 회사에서 근무했어도 조금도 변하지 않은 동료들을 많이 보았기 때문이다. 그들은 변화를 거부하고 상사의 지시만을 기다리고 있었다. 하지만 나는 나만의 세계를 스스로 개척하고 싶었다.

그때부터 나는 새로운 사업 기회를 찾기 시작했다. 그리고 마침내 마땅한 사업 아이템을 발견했고 함께 일할 동료들을 물색하기 시작했다. 당시 내 영입 전략은 커다란 직원 식당에서 사람들을 만나는 것이었다. 점심 시간에 식당에서 줄을 서 있다가 특출하게 보이는 사람이 혼자 앉아 있는 모습이 보이면 그 옆자리에 앉아 말을 건넸다. 그런 기회가 처음 찾아왔을 때 나는 온갖 정보와 논리를 동원해 상대방을 설득하려고 애썼다. 그리고 실제로 여러 사람들과 친해질 수 있었다. 그러나 아쉽게도 누구와도 생산적인 관계를 맺지 못했다.

여러 달 동안 아무 결실도 맺지 못하던 어느 날, 다른 부서의 한 남자와 이야기할 기회가 생겼다. 그는 직장 상사에 대한 불만을 털어놓았다. 또 가정에 대한 고민거리도 있었는데 장남의 뼈가 부러졌고 낡은 자동차가 수명이 다했는데도 돈이 없어서 걱정이라는 것이었다. 나는 그가 몹시 불쌍했고 그에 관해 좀 더 알고 싶었다. 그때, 내가 도움을 줄 수 있다는 생각이 갑자기 들었.

그는 직장에서는 무력감을 느끼고 집에서는 돈 문제로 골머리를 썩고 있었다. 그가 만약 내 사업에 참여하면 이 두 문제를 한 번에 해결할 수 있었다. 그래서 나는 내 사업에 관해 이야기하고 그의 고민거리를 어떻게 해결할 수 있을지 설명했다. 그러자 놀랍게도 그는 큰 관심을 보였다.

그날 나는 중요한 교훈을 얻었다. 나는 정말 바보였다. 온갖 정보를 동원해도 상대방을 설득할 수 없다는 사실을 전혀 몰랐다니! 상대방을 돕거나 긍정적인 영향을 미치고 싶다면 그의 말에 귀를 기울일 줄 알아야 한다.

경청해야 하는 이유

언젠가 소설가이자 언론인인 에드거 왓슨 호우 Edgar Watson Howe 는 이런 농담을 했다. "자기에게 말할 차례가 오지 않으면 아무도 여러분의 말을 듣지 않을 것이다." 안타깝게도 너무 많은 사람들이 이런 대화 방식을 갖고 있다. 남의 말에 진심으로 귀를 기울이지 않고 자기 차례가 돌아올 때까지 기다리지도 못하는 것이다.

이와 달리 영향력 있는 사람은 타인의 말에 귀를 기울여야 하는 이유를 잘 알고 있다. 그 예로 텍사스 주 상원의원 시절 린든 존슨 Lyndon B. Johnson 은 자신의 사무실 앞에 다음과 같은 표지판을 세웠다. "혼자서만 말하면 아무것도 배울 수 없다." 또 28대 미국 대통령 우드로 윌슨 Woodrow Wilson 은 "리더의 귀는 사람들의 목소리에 맞춰 울려야 한다."고 말했다.

경청하는 태도는 영향력 있는 사람이 되기 위해 꼭 필요한 요소이다. 특히, 경청하는 사람에게는 다음과 같은 유익이 따라온다.

존중심을 보여준다

심리학 박사 조이스 브라더스 Joyce Brothers 는 "듣는 척이 아닌 경청은 가장 참된 아첨이다."라고 했다. 남의 말에 관심을 기울이지 않을 때마다 "당신은 가치가 없습니다."라고 말하는 것이나 다름없다는 뜻이다. 반대로 남의 말을 경청하면 그만큼 존중한다는 뜻이다. 그리고 더 나아가 애정을 보이는 것이다. 독일 태생의 철학자이자

신학자인 폴 틸리히Paul Tillich 는 "사랑의 첫 번째 모습은 경청이다." 라고 말했다.

사람들이 대화할 때 자주 범하는 실수는 남의 관심을 끌기 위해 필요 이상으로 노력한다는 것이다. 똑똑하고 재치가 넘치며 유머가 넘치는 사람으로 보이고 싶어하는 것이다. 그러나 생산적인 대화를 나누려면 남의 말에 관심을 기울일 수 있어야 한다.

관심을 끌려고 하지 말고 관심을 기울여라. 시인이자 철학자 랄프 왈도 에머슨은 "내가 만나는 모든 사람은 어떤 면에서 나보다 뛰어나고 배울 점이 있다."고 말했다. 이 말을 마음에 새기고 상대방의 말을 경청하라. 자연스럽게 생산적인 대화의 장이 열릴 것이다.

관계가 형성된다

《카네기 인간관계론》How to Win Friends and Influence People 의 저자 데일 카네기Dale Carnegie 는 이러한 교훈을 남겼다.

"2주 동안 남의 말에 귀를 기울이기만 하면 남의 관심을 끌기 위해 2년 동안 노력한 것보다 더 많은 친구를 얻을 수 있다." 카네기는 인간관계에 대해 참으로 대단한 식견을 갖고 있었다.

자기 중심적인 사람은 항상 자신과 자신의 관심거리에 관해서만 이야기한다. 이런 사람은 타인과 끈끈한 관계를 맺기 어렵다는 사실을 카네기는 알고 있었다. 데이비드 슈워츠David Schwartz 는 저서 《크게 생각할수록 크게 이룬다》The Magic of Thinking Big 에서 이렇게 말했다. "크게 생각하는 사람은 듣기를 독점하고 작게 생각하는 사람은 말하기를 독점한다."

상대방의 말을 잘 경청하는 사람은 그와 더 깊고 강한 관계를 맺을 수 있다. 그런 사람과는 대화할 맛이 나기 때문이다. 작가 네일 스트레이트 Neil Strait 는 "모든 사람은 자신의 말을 진심으로 들어줄 사람을 필요로 한다."고 지적했다. 바꿔 말해, 남의 말을 들어주면 그러한 필요를 충족시켜주는 것이다. 그리고 타인의 삶에 영향력을 발휘하는 단계로 성큼 나아가게 된다.

지식을 넓힐 수 있다

미국의 극작가 윌슨 미즈너 Wilson Mizner 는 이렇게 말했다.

"남의 말을 잘 경청하는 사람은 어디서나 환영을 받을 뿐 아니라 많은 지식을 얻는다."

진심으로 귀를 기울일 때 자신과 친구, 가족, 직업, 조직에 관해 얼마나 많이 알 수 있는지는 일일이 헤아릴 수 없을 정도다. 그러나 누구나 이러한 경청의 유익함을 알 수 있는 것은 아니다.

그 예로 새로운 학생을 가르치고 있는 한 테니스 강사의 이야기를 들어보자. 강사는 새로운 학생이 여러 번 스윙하는 모습을 지켜보고 있었다. 그 학생의 스윙에 문제가 있음을 발견한 그는 연습을 멈추게 하고 스트로크를 교정해주기로 했다. 그러나 그 학생은 그의 설명을 끝까지 듣지도 않고 문제와 해결책에 대한 자기 의견을 내놓았다. 학생이 계속 그런 식으로 말꼬리를 잡자 강사는 결국 고개를 끄덕여 학생의 의견에 동의하고 말았다.

수업이 끝나자 그 모습을 지켜보던 한 여성이 강사에게 물었다.
"그 거만한 학생의 멍청한 생각에 왜 동의한 거지요?"
그러자 강사는 미소를 지으며 대답했다.
"자꾸 말꼬리를 잡는 사람에게 정답을 말해주는 것은 시간 낭비예요. 저는 이 사실을 오래 전에 깨달았거든요."
자신이 모든 답을 알고 있다는 착각에 빠지지 말라. 그렇게 착각하는 사람은 결국 곤란에 빠지게 된다. 스스로 '전문가'로 생각하면서 성장하고 배운다는 말은 어불성설이다. 정말로 배우기에 힘쓰는 사람은 타인의 말에 귀를 기울일 줄 안다.
높은 자리에 오를수록 자주 나타나는 문제의 하나는 타인, 특히 아랫사람의 말에 점점 귀를 닫는다는 점이다. 물론 지위가 높아질수록 타인의 말을 들을 기회는 점점 적어진다. 그러나 그렇다고 해서 듣는 기술을 개선하는 일을 게을리해서는 안 된다. 사실 지위가 높아질수록 올바른 정보를 얻기 위해 타인에게 더욱 의존해야 한다. 일찍부터 뛰어난 경청 기술을 개발하고 계속해서 사용해야 한다. 그래야 성공에 필요한 정보를 얻을 수 있다.

조금씩 성공을 향해 나아가면서 성장과 개선을 멈추지 말아야 함을 기억하라. 아울러 귀가 닫히면 마음도 닫힌다는 사실을 절대 잊어서는 안 된다.

아이디어를 얻을 수 있다

신선하고도 혁신적인 아이디어는 여러 모로 도움이 된다. 예컨대 좋은 아이디어는 고질적인 문제를 해결할 새로운 방법을 찾아주고 조직을 계속 성장시켜줄 새로운 제품과 프로세스를 개발하고 개인적으로 발전하는 데 도움을 준다.

> 귀를 기울이면 뜻하지 않게 귀중한 아이디어를 얻을 수 있다.

고대 그리스의 역사가 플루타르크Plutarch는 "듣는 법을 배우면 심지어 비방하는 사람에게조차 뭔가 이익을 얻을 수 있다."고 설파했다.

아이디어가 고갈되지 않는 혁신적 기업 하면 '3M'이 머리에 떠오른다. 다른 어떤 기업보다도 빨리 신제품을 개발해내는 3M은 직원의 아이디어에 귀를 기울이고 고객의 소리를 경청하는 것으로 유명하다. 실제로 3M의 CEO는 고객 불만을 제품 개발의 핵심으로 여긴다.

훌륭한 기업은 남의 말에 귀를 기울인다. 《레스토랑 앤 인스티튜션스》Restaurants and Institutions 지에서 미국 최고의 요식 체인으로 선정한 패밀리 레스토랑 '칠리스'Chili's도 마찬가지 덕목으로 유명하다. 실제로 칠리스의 메뉴 중 80퍼센트는 각 체인점 업주들의 제안을 통해 선정된다.

훌륭한 기업이 가진 이런 덕목은 개인에게도 마찬가지로 적용된다. 곧, 남의 말에 귀를 기울이다보면 아이디어가 없어 고민하는 일은 절대 없다. 또 사람들은 자기 말을 경청하는 리더에게 모든 헌신을 아끼지 않게 마련이다.

이처럼 사람들에게 자신의 생각을 말할 기회를 주고 열린 마음으로 경청하면 새로운 아이디어가 끊임없이 솟아난다. 그리고 잘못된 아이디어라 할지라도 그것을 경청하면 다른 사람과 자신의 창의력에 불을 붙일 수 있다. 귀를 기울이면 뜻밖의 귀중한 아이디어를 얻게 될 것이다.

충성심을 얻을 수 있다

귀를 기울여주지 않으면 사람들은 자기 말을 들어줄 다른 사람을 찾게 된다. 직원이나 배우자, 동료, 아들, 친구 등도 자신의 말을 외면한다는 것을 느끼면 곧 등을 돌리게 되는 것이다. 심지어 절교, 직장에서의 권위 상실, 부모로서의 영향력 감소, 이혼 등 비극적인 결과로 이어지기도 한다.

> 아무도 자신의 이야기에 귀 기울이지 않는다고 생각해 보라!

이와 반대로 남의 말을 잘 들어주면 사람들이 모여든다. 정신과 의사이자 작가로 메닝거 재단을 공동 설립한 칼 메닝거 Karl Menninger는 이렇게 말했다. "남의 말을 들어주는 사람은 항상 애정과 관심의 대상이 된다. 또 사람들의 말을 존중하고 경청하는 사람은 그들의 강한 충성심을 얻을 수 있다. 그들과의 관계가 비공식적이든 공식적이든 결과는 마찬가지이다."

자신과 상대에게 큰 도움이 된다

로저 임호프 Roger G. Imhoff 목사는 "상대방에게 신뢰감을 주어라. 그러면 혹시 당신에게는 도움이 되지 않더라도 상대방에게는 틀림없이 도움이 된다."고 말했다. 언뜻 보면, 타인의 말을 경청하면 그에게만 유익하다는 말처럼 들린다. 그러나 전혀 그렇지 않다. 타인의 말을 경청하면 분명 자신에게도 유익하다. 그러므로 좋은 관계를 맺고 필요한 정보를 찾아라. 그리고 자신과 상대방에 대해 더 많이 알려고 애써라.

경청을 방해하는 것들

경청을 하는 데 자신의 잠재력을 모두 발휘할 수 있는 사람은 드물다. 대부분의 사람들은 현재의 듣는 기술에 만족하지 못하고 있다. 이런 사람들이 듣는 기술을 개선하기 위해 가장 먼저 해야 할 일은 다음과 같은 일반적인 장애 요인들을 발견하는 것이다.

말하기에 대한 과대평가

어떤 만화에서는 듣는 일을 '내 외침들 사이의 무례한 방해자'로 표현했다. 인정하고 싶지 않겠지만 많은 사람들이 듣는 일에 대해 이렇게 생각하고 있다. 의심이 간다면 사람들에게 어떻게 하면 대화 기술을 향상시킬 수 있는지 물어보라. 설득력을 기르고 대중 연설 기술을 다듬어야 한다는 대답이 대부분일 것이다. 반면에 잘 들어야 한다고 말하는 사람은 거의 없을 것이다.

사람들은 주로 말하기를 좋아하고 듣기를 싫어한다. 심지어 세일즈맨과 같은 인간관계 전문가들도 마찬가지이다. 그러나 생산적인 대화는 설득이 아니다. 듣는 것이다. 생각해보라. 자기 혼자 말해서는 아무것도 팔 수 없다.

훌륭한 대화자는 말하기와 듣기의 비율을 조절할 줄 안다. 예컨대 미국 역사상 최고의 리더이자 대화자로 일컬어지는 에이브러햄 링컨 대통령은 이렇게 말했다. "나는 상대방을 설득하기에 앞서 준비를 하는데 그 준비 기간 중 삼분의 일을 내 자신과 해야 할 말에 관해 생각한다. 그리고 삼분의 이를 상대방과 그가 할 말에 관해 생각한다." 매우 바람직한 비율이다.

한 번 말하면 두 번 들어라.

초점 상실

어떤 사람들, 특히 열정이 많은 사람은 마음을 가라앉히고 상대방의 말에 진심으로 귀를 기울이지 못한다. 보통 사람들은 1분에 약 180개의 단어를 말하거나 300~500개의 단어를 들을 수 있다. 따라서 화자의 말하는 속도는 듣는 사람의 속도를 따라가지 못한다. 이러한 차이 때문에 듣는 사람은 딴 데 정신을 팔게 된다. 주로 공상에 빠지거나 내일의 스케줄에 관해 생각하는 식이다. 또는 밀린 일거리를 걱정하거나 주위를 둘러보는 사람도 있다. 이는 차를 운전할 때 나타나는 습관과 비슷하다. 딴 데 신경을 쓰지 않고 운전에만 집중하는 사람은 그리 많지 않다. 대부분의 운전자는 경치를 보거나 라디오를 듣고 심지어 음식을 먹기도 한다.

그러나 남의 말을 잘 경청하려면 화자에게 모든 정신과 관심을 쏟아야 한다. 상대방의 몸짓을 관찰하라. 얼굴 표정의 변화를 살펴라. 상대방과 눈을 마주쳐라. 그래서 경영 전문가 피터 드러커Peter Drucker는 "대화에서 가장 중요한 것은 입으로 말하지 않는 소리를 듣는 것이다."라고 말했다. 상대방을 면밀히 관찰하고 말의 의미를 되새기는 데 남는 힘을 쏟을 때 듣는 기술은 크게 향상된다.

정신적 피로

미국의 전 대통령 로널드 레이건Ronald Reagan이 두 명의 정신과 의사에 관한 농담을 한 적이 있다. 이 농담에는 늙은 의사와 젊은 의사가 등장한다. 아침마다 그들은 말끔하게 차려입고 활기찬 모습으로 출근한다. 하지만 퇴근할 때가 되면 젊은 의사는 옷매무새가 흐트러지고 기진맥진한 몰골이 된다. 그런데 이상하게도 늙은 의사는 항상 생기가 넘쳐흐른다.

하루는 젊은 의사가 늙은 의사에게 물었다.

"선생님은 하루 종일 환자와 대화를 나누고도 전혀 지치지 않으니 도대체 어떻게 된 일입니까?"

늙은 의사가 대답했다.

"간단하네. 나는 전혀 듣지 않거든."[1]

이처럼 오랜 시간 동안 남의 말을 듣다보면 온몸에 힘이 빠질 수 있다. 하지만 아무리 정신적 피로가 심하다고 하더라도 건성으로 들어서는 안 된다.

귀가 잘 들리지 않는 89세의 할머니가 의사를 찾아왔다. 검사를 마치자 의사가 말했다.

"할머니의 귀는 고칠 수 있습니다. 수술 날짜를 언제로 정하면 되겠습니까?"

그러자 할머니는 질색을 하며 말했다.

"귀를 고치고 싶지 않으니 수술할 필요 없어요. 팔십구 년 동안 살았으니 이미 충분히 들었어요!"

힘들고 지치더라도 정신을 집중하고 노력을 기울여야 남의 말을 잘 들을 수 있다는 사실을 명심하라.

고정 관념

고정 관념은 타인의 말을 잘 듣는 데 심각한 장애물이다. 상대방이 실제로 하는 말보다는 자신이 듣고 싶은 말만 듣게 만들기 때문이다. 이런 오류에 빠지지 않을 자신이 있다고 말하는 사람들도 종종 있지만 누구나 이런 오류를 조금씩은 범하고 있다. '내가 듣고 싶지만 들을 수 없는 말'Things I'd Like to Hear-But Won't은 데이비드 그림스David Grimes의 짧은 글 한 토막이다. 다음 유머는 그 글에 실린 고정 관념 탈피의 예들이다. 이런 말들이 새롭고 낯설게 느껴진다면 현재 여러분은 고정 관념에 빠져 있는 것이다.

자동차 정비공의 말

"그 부품은 제가 생각했던 것보다 훨씬 싸요."
"그건 저 아래 정비소에서 훨씬 싸게 고칠 수 있어요."
"그냥 타이어에 바람이 나간 겁니다. 그러니 돈은 안 내도 되요."

상점 점원의 말

"자동 금전 기록기가 고장입니다. 그래서 연필과 종이로 계산을 하겠습니다."
"이 손님들의 물건을 다 계산하고 나서 쉬겠습니다."
"하자가 있는 제품을 판매해서 죄송합니다. 저희가 집까지 찾아가 새로운 제품으로 교환을 해드리겠습니다. 원하신다면 전액 환불도 해드립니다."

건설업자의 말

"이번 건설 작업은 누구라도 쉽게 해낼 수 있었습니다."
"견적보다 지출이 적어 제 몫이 생각보다 약간 많아졌습니다."

치과의사의 말

"당신은 치실질을 너무 많이 한 것 같습니다."
"이를 뽑기 전에는 어떤 질문도 하지 않겠습니다."

음식점 웨이터의 말

"웨이터가 맘대로 자기 이름을 말하는 것은 건방지다고 생각합니다. 하지만 손님께서 허락하시니 이름을 말하겠습니다. 저는 팀입니다."

"저는 느리고 부주의했습니다. 그래서 팁을 받을 수 없습니다."[2]

참으로 슬기로운 말들이다. 이 말들은 타인에 대한 고정 관념이 얼마나 위험한지 보여준다. 상대방의 개성을 무시하고 그가 속한 집단 전체의 특성만 떠올리면 곤란에 빠질 수 있다. 그러므로 컴퓨터 회사에 다니면 컴퓨터밖에 모르는 얼간이, 십대라면 반항아, 금발이라면 칠칠치 못한 사람, 기술자라면 뻣뻣한 사람이라고 생각하는 고정 관념부터 버려라. 그런 고정 관념을 버리지 않으면 상대방의 말을 진정으로 듣지 못한다.

마음의 짐

거의 모든 사람이 듣기 싫은 말을 걸러내는 감정적 여과 장치를 갖고 있다. 좋든 나쁘든 경험은 삶에 대한 태도와 꿈에 영향을 미친다. 그런데 과거의 경험 중에는 정신적 충격이나 사고처럼 좀처럼 잊을 수 없는 경험도 있을 수 있다. 그러한 경험을 한 사람은 그와 비슷한 상황에 처할 때마다 평소와 다른 반응을 보인다. 언젠가 마크 트웨인은 이렇게 말했다. "뜨거운 난로에 앉아본 고양이는 다시는 뜨거운 난로에 앉지 않는다. 그뿐 아니라 차가운 난로에도 앉지 않는다.

난로 자체가 아예 싫어졌기 때문이다."

마음의 짐을 떨쳐버리지 않으면 상대방의 말을 있는 그대로 받아들일 수 없다. 예를 들어 특정한 주제에 지나치게 집착하거나, 특정한 주제에 방어적 태도를 보이거나, 상대방의 말에 자꾸 끼어드는 것이 그것이다. 바로 이런 문제를 해결해야 타인의 말에 진심으로 귀를 기울일 수 있다.

20세기 최고의 사상가로 꼽히는 지그문트 프로이트 Sigmund Freud 는 "치통을 앓고 있는 사람은 사랑에 빠질 수 없다."고 말했다. 이가 아프면 다른 생각을 할 겨를이 없다는 뜻이다. 마찬가지로 갈아야 할 낯이 있으면 타인의 말은 낯 가는 소리에 파묻혀 버린다.

자기만 생각하는 태도

아마도 남의 말에 귀를 기울이는 데 가장 치명적인 요소는 자기만 생각하는 태도일 것이다. 오래 전에 이 점을 잘 보여주는 텔레비전 단막극이 방영된 적이 있다. 그 단막극에서 남편은 텔레비전을 보고 있고, 아내는 그런 남편에게 말을 걸려고 애쓰고 있었다.

아내 : 여보, 글쎄 배관공이 온수기 새는 것을 제때 고쳐주지 않았지 뭐예요?

남편 : 음······.

아내 : 그래서 파이프가 터져 지하실에 물이 넘쳤어요.

남편 : 조용히 좀 해봐요. 세 번째 터치다운이라구.

아내 : 게다가 전기선이 젖어 플루피가 감전으로 죽을 뻔했어요.

남편 : 바로 그거야, 뚫렸어. 쉿! 터치다운!

아내 : 다행히도 한 일주일이면 좋아질 거래요.

남편 : 먹을 것 좀 갖다 주겠소?

아내 : 결국 배관공이 와서는 하는 말이 우리 집 파이프가 터져서 자기는 좋대요. 수리비로 휴가를 갈 수 있게 되었다나요?

남편 : 지금 내 말을 듣고 있는 거요? 배고프단 말이요.

아내 : 스탠리, 저는 떠날 거예요. 아침에 그 배관공이랑 아카풀코 행 비행기를 탈 거라구요.

남편 : 그만 떠들고 먹을 것 좀 갖다 줄 수 없겠소? 여기서는 도대체 아무도 내 말을 들어주지 않는단 말이야.

자신만을 생각해서는 타인의 말에 귀를 기울일 수 없을뿐더러 상대보다 자신에게 더 큰 피해가 돌아간다는 사실을 명심하라.

듣는 기술을 향상시키는 방법

《세일즈 사이버네틱스》Sales Cybernetics의 저자 브라이언 애담스에 따르면, 사람은 깨어 있는 동안 듣는 데 가장 많은 시간을 사용한다고 한다. 그가 제시하는 통계는 다음과 같다.

하루의 9퍼센트는 글쓰기에 소비한다.

하루의 16퍼센트는 읽기에 소비한다.

하루의 30퍼센트는 말하기에 소비한다.

하루의 45퍼센트는 듣기에 소비한다.³

이쯤 되면 듣기가 중요하다는 사실을 누구나 인정할 것이다. 그렇다면 어떻게 해야 잘 들을 수 있다는 말인가? 이 질문에 대해 한 고등학교의 음악 감상 시간에 그럴 듯한 대답이 나왔다. 선생님이 듣기와 경청의 차이를 설명할 수 있는 학생이 있는지 물었다. 처음에는 학생들이 서로 눈치만 보다가 이윽고 한 학생이 손을 들었다.

"경청은 듣기를 원하는 거예요."

어린 학생의 말이지만 매우 의미심장하다. 그렇다. 남의 말을 잘 듣기 위해서는 먼저 듣기를 원해야 한다. 아울러 몇 가지 기술까지 겸비한다면 더할 나위 없을 것이다. 다음 아홉 가지 기술은 듣기의 매우 중요한 기술들이다.

1. 상대방을 바라보라

상대방에게 모든 관심을 기울일 때 비로소 진정한 듣기가 시작된다. 누군가와 대화를 나눌 때에는 다른 일을 하지 말라. 예컨대 종이를 접거나 접시를 닦거나 텔레비전을 보지 말라. 모든 일을 제쳐놓고 상대방에게만 집중하라. 그리고 당장 시간이 없을 때에는 적당한 다른 시간을 정하라.

2. 끼어들지 말라

자기 말에 누군가 끼어들 때 좋아할 사람은 아무도 없다. 무시당하는 기분이 들기 때문이다. 그런 의미에서 《편안하게 만드는 듣기》

Listening Made Easy의 저자 로버트 레오 몽고메리Robert Leo Montgomery는 이렇게 말했다. "남의 말을 방해하는 것은 그의 발을 밟는 것만큼 무례한 행동이다."

끼어들기를 좋아하는 사람은 대개 다음과 같은 성향을 갖고 있다.

- 상대방의 말에 가치를 두지 않는다.
- 상대방의 관심을 끌어 자신의 뛰어남을 보이고 싶어한다.
- 대화 내용에 너무 흥분한 나머지 상대방의 말이 끝나기를 기다리지 못한다.

평소 남의 말에 끼어들기 좋아하는 사람은 자신의 성향을 한번쯤 의심해보고, 그런 성향이 있다면 고쳐야 한다. 상대방에게 충분히 말할 시간을 주어라. 혼자서만 말해야 한다는 생각을 버려라. 오히려 말을 하지 않는 시간을 지금까지의 말을 정리하고 어떻게 대응할지 생각할 수 있는 좋은 기회로 삼아라.

3. 이해하라

사람들이 남의 말을 얼마나 빨리 잊어버리는지 아는가? 미시건이나 오하이오, 플로리다, 미네소타 등의 주립 대학에서 이에 관한 연구를 했다. 그 연구에 따르면 보통 사람은 상대방의 말이 끝나자마자 그 말의 50퍼센트를 잊는다고 한다. 그리고 시간이 지날수록 기억하는 양은 점점 줄어든다. 그래서 하루가 지나면 대개 25퍼센트의 기억만 남는다.

최대한 많은 말을 기억할 수 있는 방법 중에는 이해하는 방법이 있다. 변호사이자 강사, 작가로 활동하는 허브 코헨Herb Cohen은 이렇게 강조했다. "남이 전하는 말을 듣기만 해서는 곧 잊어버린다. 말의 의미를 찾아야 제대로 듣는 것이다. 그런데 그 의미는 말이 아닌 사람에 있다."

상대방이 한 말의 의미를 제대로 이해하고 싶다면 에릭 알렌보우Eric Allenbaugh의 다음 교훈을 마음에 새겨라.

1. 머리와 마음으로 들어라.
2. 이해하려는 마음으로 들어라.
3. 말뿐 아니라 그 말의 이면에 숨겨진 의미를 들어라.
4. 내용과 감정을 함께 들어라.
5. 눈으로 들어라.
6. 의견뿐 아니라 관심을 들어라.
7. 입으로 말하지 않는 것까지 들어라.
8. 받아들이려는 마음으로 들어라.
9. 상대방의 두려움과 마음의 상처를 들어라.
10. 상대방이 자신의 말을 어떤 식으로 들어주었으면 좋겠는지 생각해보고, 그런 식으로 상대방의 말을 들어주어라.[4]

타인의 입장이 될 수 있다면 이해하는 능력이 한층 향상된 것이다.

게다가 이해를 잘하면 상대방의 말을 훨씬 잘 들을 수 있다.

4. 대화하는 순간의 의도를 파악하라

대화할 때 상대방의 의도를 정확히 파악하는 능력은 매우 중요하다. 사람들이 말하는 이유는 다양하다. 위로를 받거나 답답한 속내를 털어놓고 싶어서, 설득하고 지식을 전하기 위해서, 이해를 구하거나 마음을 진정시키기 위해서, 이 모두가 이유가 될 수 있다. 그래서 말하는 의도를 정확히 파악하기가 쉽지만은 않다.

주위에는 서로 다른 목적을 갖고 대화를 나눈 나머지 갈등에 빠지는 경우가 많다. 대화의 순간 상대방의 의도를 헤아리지 못한 결과이다. 주로 남성들은 대화를 통해 어떠한 '문제'를 해결하고자 한다. 반면 여성은 단순히 말하고 공감받고 싶어서 대화에 참여한다. 그래서 여자들의 대화는 대개 해결책을 요구하지도 바라지도 않는다. 결국 대화 상대자의 현재 의도를 알아야 진정한 대화가 이루어지고 상대방을 이해할 수 있다는 말이다.

5. 자신의 감정을 확인하라

앞서 언급했듯이 사람들은 특정한 사람이나 환경에 과민 반응을 보이는데 이는 바로 마음의 짐 때문이다. 따라서 상대방의 말을 듣고 감정이 격해질 때마다 자신의 감정을 확인해야 한다. 필요 이상의 과민 반응을 실제 행동으로 옮길 때에는 더욱 그렇다. 그래야만 믿는 사람에게 울분을 토하는 우를 범하지 않을 수 있다. 비단 마음의 짐으로 인한 행동이 아니더라도 상대방이 자신의 관점과 생각, 주장을 충분히 말할 때까지 끼어들어서는 안 된다.

6. 판단을 보류하라

상대방의 말이 채 끝나기도 전에 판단을 내린 경험이 있지는 않은가? 누구나 그런 경험이 있을 것이다. 그러나 상대방의 말을 잘 듣기 위해서 속단은 금물이다. 끝까지 이야기를 들은 뒤에 판단해도 늦지 않다. 그렇지 않으면 상대방이 정작 말하고자 하는 핵심을 놓칠 수 있다.

7. 가끔 상대방의 말을 정리해주어라

전문가들의 말에 의하면 적극적으로 들을 때 가장 큰 효과가 나타난다. 마케팅 코치로 활동하는 존 멜칭거 John Melchinger 는 다음과 같이 제안한다. "들은 말에 대해 나름대로 평을 하라. 예를 들어 '매우 중요한 말 같습니다.' 라는 식으로 말이다. 그렇게 함으로써 당신이 열심히 듣고 있다는 것을 상대방에게 확인시켜주는 것이다. '흥미롭습니다.' 와 같은 말도 좋다. 이렇게 나름대로 평을 하면 상대방은 당신이 열심히 듣고 있다고 생각하고 더 많은 정보를 제공할 것이다."

적극적인 듣기의 또 다른 방법은 가끔 상대방의 말을 정리해주는 것이다. 하나의 주제에 대한 말이 끝나면 다음 주제로 넘어가기 전에 중요한 요점을 정리해주어라. 이는 상대방의 말뜻을 정확히 알아들었다는 표시이다. 그렇게 하면 상대방은 계속 말할 맛이 나며 여러분도 대화에 더욱 몰두할 수 있다.

8. 확인을 위한 질문을 하라

저명한 리포터들은 말하기보다 듣는 기술이 더 뛰어나다는 사실을 아는가? 바바라 월터스 Babara Walters 를 예로 들어보자. 바바라 월터스는 대화를 나눌 때 항상 상대방을 쳐다보고 상대방이 한 말의 의미를 찾는다. 또 판단을 보류할 줄 알고 가끔 상대방의 말을 정리해준다. 그래서 사람들은 그녀를 신뢰하고 모든 것을 털어놓는다. 그러나 그것만이 전부는 아니다. 그녀는 정보를 수집하고 상대방을 이해하는 데 도움이 되는 기술을 한 가지 더 갖고 있다. 바로 좋은 질문을 던지는 기술이다.

바바라 월터스와 같은 자세가 우리에게도 필요하다. 그렇다고 아무 때나 질문을 던지라는 말은 아니다. 상대방의 기분이 상하지 않도록 적절한 때 질문을 던져야 한다. 그리고 그 질문을 통해 상대방의 의중을 정확히 알아야 한다.

관심 어린 질문을 던져보아라. 상대방이 모든 속내를 털어놓을 것이다.

9. 듣는 일을 항상 우선하라

마지막으로, 듣는 일을 우선하라는 교훈을 마음에 새겨라. 아무리 바쁘고 아무리 높은 지위에 있는 사람이라도 마찬가지다. 바쁜 중에도 듣는 일을 미루지 않기로 유명했던 인물이 있는데 바로 월마트의 창립자이자 미국 최고의 갑부였던 고故 샘 월튼 Sam Walton 이다. 그는 다른 사람, 특히 직원들의 말을 소중히 여겼다. 한번은 월튼이 자가용 비행기를 타고 텍사스 주 플레젠트 Pleasant 산에 간 적이 있었다. 당시 월튼은 더 쉽게 산을 오를 수 있는 길을 놔두고 1,500킬로미터 아래 지점에 착륙해 트럭을 타고 산을 올랐다. 그 이유는 놀랍게도 트럭 운전사와 이야기를 나누기 위해서였다고 한다. 이처럼 듣는 일을 항상 우선해야 한다.

> 관심 어린 질문을 던져보아라. 상대방이 모든 속내를 털어놓을 것이다.

듣는 능력을 당연하게 생각하는 사람들이 있다. 사실 많은 사람들이 듣는 일을 쉽게 생각하고 자신은 잘 듣고 있다고 믿는다. 그러나 듣는 일은 전혀 쉽지 않다. 물론 누구나 들을 수 있지만 진심으로 귀를 기울일 줄 아는 사람은 극히 드물다는 뜻이다.

직업상 나와 짐 도넌은 많은 연설을 해왔다. 지금도 매년 수십만 명 앞에서 연설을 하고 있다. 특히 짐의 아내 낸시는 연설 스케줄로 눈코 뜰 새 없이 바쁘다. 그녀는 정말 뛰어난 연설가이다. 하지만 말만 잘하는 것이 아니다. 듣는 기술 역시 뛰어나다. 가끔 대화에 관한 연설을 할 때마다 낸시는 듣기의 중요성을 강조하곤 한다.

얼마 전 낸시가 듣기에 관한 연설을 한 적이 있었다. 그 내용은 상대방의 장점을 보고 상대방의 입장에서 생각하라는 것이었다. 그날 청중 중에는 로드니라는 사람이 있었다. 훗날 강연을 들은 로드니는 자신의 이야기를 이렇게 털어놓았다.

로드니는 사랑하는 사람과 결혼해 아들을 하나 두고 있었지만 과거에 이혼한 경험을 갖고 있었고 전 부인에게서 낳은 딸이 둘이나 있었다. 요즘 전 부인 때문에 근심이 이만저만이 아니었다. 전 부인이 점점 더 많은 생활비를 요구해왔기 때문이다. 그 문제로 두 사람은 계속 다퉈왔고, 결국 더 이상 참을 수 없게 된 로드니는 변호사를 고용해 소송을 준비하고 있었다.

그러나 그날 낸시의 연설을 들은 로드니는 마음이 바뀌기 시작했다. 전 부인에게 너무 무관심했다는 생각이 들었기 때문이다. 그래서 이틀 후 그는 전 부인 샬럿에게 전화를 걸어 만나자고 했다. 그의 행동을 수상하게 여긴 샬럿은 당연히 의심이 들 수밖에 없었고 변호사에게 그의 의중을 떠볼 것을 부탁했다. 하지만 결국 로드니는 샬럿을 설득해 만나기로 약속할 수 있었다.

커피숍에서 샬럿을 만난 로드니가 먼저 말을 꺼냈다.

"샬럿, 당신의 말을 듣고 싶소. 어떻게 살았는지 말해보구려. 당신과 아이들이 걱정된다오."

샬럿은 갑자기 울음을 터뜨렸다.

"당신이 우리 딸들을 전혀 생각하지 않는 줄 알았어요."

"미안하오. 나는 줄곧 나 자신만 생각했소. 당신을 전혀 생각지 못했소. 하지만 지금은 그렇지 않소, 나를 용서하구려."

"지금 와서 이러는 이유가 뭐예요?"

"모든 일을 제자리로 돌리고 싶어서 그렇소. 내가 화가 나서 제정신이 아니었소. 이제 당신과 딸들이 어떻게 지내고 있는지 말해보구려."

잠시 동안 샬럿은 흐느끼기만 했다. 그러다 이내 혼자서 딸들을 키우느라 얼마나 힘들었는지 마구 쏟아내기 시작했다. 둘의 대화는 몇 시간 동안 이어졌다. 그러면서 둘 사이에는 서로를 생각하는 마음과 다시 친구가 될 수 있다는 믿음이 조금씩 싹트기 시작했다.

누구나 이런 기적을 만들 수 있다. 최근 누군가의 말을 들어주지 않은 일이 있는가? 그렇다면 아직도 늦지 않았다. 지금 당장 그의 말을 들어주고 여러분의 삶과 그의 삶을 변화시켜라.

| 영향력 점검표 |

얼마나 경청하고 있는가?

☐ **자신의 듣는 기술을 평가하라**

친구에게 다음 질문을 하면서, 여러분은 이 장에서 살핀 아홉 가지 기술에 비추어 자신의 듣는 기술을 평가하라. 그리고 "아니오"라는 질문에 대해 친구의 설명을 들어보아라. 단, 친구가 설명하는 동안 끼어들거나 변명해서는 안 된다.

1. 나는 상대방이 말하는 동안 그 얼굴을 쳐다보는가?
2. 상대방이 말을 마칠 때까지 기다리는가?
3. 상대방의 말을 이해하려고 애쓰는가?
4. 말하는 순간 상대방의 의도를 헤아리는가?
5. 항상 내 감정을 점검하는가?
6. 이야기의 전말을 듣기 전까지 판단을 보류하는가?
7. 상대방이 말할 때 가끔씩 그 말을 정리해주는가?
8. 필요할 때마다 확인을 위한 질문을 하는가?
9. 대화할 때 먼저 들으려고 노력하는가?

☐ **개선을 위한 방법**
1.
2.
3.
　몇 주 동안 위의 방법대로 노력해보아라.

☐ **실제로 듣는 연습을 하라**

여러분의 삶에서 가장 중요한 사람과 이번 주에 만나 한 시간 동안 대화를 나누어라. 그 사람에게 모든 관심을 기울이고 그 시간의 3분의 2를 듣는 데 사용하라.

제5장

인정하고 이해하라
Understands People

모든 말다툼과 갈등의 절반은
의견 차이나 강한 소신 때문이 아니다.
가장 큰 이유는 서로를 이해하지 못하기 때문이다.

Understands People

　　어느 날 저녁 이야기를 나누던 짐 도넌과 나는 몇 가지 질문에 관해 생각하게 되었다. 조직을 세우려면 어떻게 해야 하는가? 무엇이 필요한가? 성공의 조건은 무엇인가? 예를 들어 26개국에 진출해 수십만 명의 사람들에게 영향을 미치는 기업을 건설하기 위해 짐은 무엇을 했는가? 그런가 하면 나는 교회의 규모를 세 배로 늘려 교단 내에서 가장 큰 교회로 만들었다. 그리고 그 과정에서 예산은 80만 달러에서 5백만 달러로, 적극적인 자원자 수는 112명에서 1,800명으로 늘었다. 그렇게 되기까지 내가 한 일은 무엇인가?
　소프트웨어 제작, 서적 판매, 음식점 경영, 건설, 비행기 설계 등 어떤 사업을 경영하고 있는지는 중요하지 않다. 성공의 열쇠는 사람들을 이해하는 것이다. 다음은 짐 도넌의 이야기이다.

　　존과 달리 나는 어린 시절 많은 사람을 접하지 못했다. 존은 인간 관계 전문가가 되겠다는 꿈을 갖고 고등학생 때 데일 카네기 코스를 밟았고 그에 맞는 대학을 선택했다. 반면 나는 퍼듀 대학에서 항공공학을 전공했다. 학사 과정을 마친 후 나는 모든 직업의 성공에 두 가지 비결이 있다는 결론을 내렸다. 바로 열심히 일하는 자세와 기술이다. 이때까지만 해도 인간관계 기술이 중요하다는 생각은 전혀 해본 적이 없었다.

나는 열정과 기술로 무장한 채 사회 생활에 뛰어들었다. 퍼듀대학에서 기본적인 기술을 배웠고 열심히 일할 열정이 있었기 때문에 아무런 문제가 없었다. 하지만 사람을 다루는 기술 없이 사업에서 성공할 수 없다는 사실을 깨닫는 데에는 그리 오랜 시간이 걸리지 않았다.

사실 삶 자체가 사람을 상대하는 과정이다. 나는 직장에서 기술자이자 컨설턴트, 기업가로 살아갈 때뿐 아니라 삶의 모든 순간에 항상 사람이 있음을 깨달았다. 가족, 아이의 선생님, 친구, 모두 사람이 아닌가?

사람을 이해하고 협력할 수 없을 때 어떤 성공도 거둘 수 없다. 더 나아가 영향력 있는 사람이 될 수도 없다.

타인을 이해할 때 생기는 좋은 점

《임원으로 승진하기》Climbing the Executive Ladder에서 킨즐Kienzle과 데어Dare는 다음과 같이 말했다. "남을 이해하기 위해 들이는 시간과 노력만큼 큰 유익을 주는 것은 거의 없다. 직업과 인격의 성장에 그만큼 유익한 것은 없다. 다른 무엇도 그만큼 큰 만족과 행복을 가져다줄 수 없다."

타인을 이해하는 능력은 인간이 가진 가장 큰 자산 중 하나로서 사업뿐 아니라 삶의 모든 측면에 도움이 된다. 그 예로 타인을 이해하는 능력이 유치원에 다니는 한 아이의 엄마에게 어떤 도움을 주었는지 생각해보자.

네 살 난 아들을 집에 두고 쓰레기를 버리러 달려나간 적이 있다. 쓰레기를 버리고 나서 집으로 들어가려는데 이게 웬일인가? 문이 잠겨버린 것이다. 아들에게 문을 열게 하려면 1시간 이상 달래야 할 것이 뻔했다. 그래서 불쌍한 목소리로 안에 대고 말했다. "저런. 네가 집에 갇히고 말았구나." 그러자 금세 문이 열렸다.

상대방을 이해하면 그만큼 좋은 대화를 나눌 수 있다. 의사이자 펜실베이니아 대학의 심리학 교수인 데이비드 번즈David Burns는 이렇게 말했다. "남을 설득할 때 사람들이 저지르는 가장 큰 실수는 자신의 생각과 감정을 표현하려고만 애쓰는 것이다. 사람들이 정말 원하는 것은 상대방이 자신을 존중하고 이해하며 자신의 말을 들어주는 것이다. 당신이 상대방을 이해해주는 순간 그도 당신의 관점을 이해하려고 노력하게 된다."

> 상대방의 관점을 이해해줄 때, 즉 그가 하려고 하는 일을 이해해줄 때 그는 십중팔구 일을 제대로 해낸다.
> – 헤리 트루먼

상대방의 생각과 감정, 동기, 주어진 상황에서의 행동과 반응을 이해할 수 있을 때 비로소 그에게 좋은 영향을 미칠 수 있는 법이다.

타인의 이해를 방해하는 몇 가지 이유

우리 사회에 자꾸 크고 작은 갈등이 생기는 이유는 서로를 이해하지 못하기 때문이다. 한 변호사는 이렇게 말했다.

"모든 말다툼과 갈등의 절반은 의견 차이나 강한 소신 때문이 아니다. 가장 큰 이유는 서로를 이해하지 못하기 때문이다."

사람들이 서로를 조금만 이해해준다면 법정이 지금처럼 시끌벅적하지는 않을 것이다. 폭력이 사라지고 이혼율이 줄어들며, 누구나 경험하는 일상의 스트레스가 자취를 감출 것이다.

서로를 이해하면 이렇게 좋다는 것을 알면서도 실제로 실천하는 사람이 적은 이유는 무엇일까? 여기에는 다음과 같은 이유가 있다.

두려움

17세기 미국의 식민지 지도자 윌리엄 펜 William Penn 은 "이해할 수 없다고 해서 경멸하거나 반대하지 말라."고 충고했다. 그러나 이런 충고를 마음에 새기는 사람은 거의 없다. 타인을 이해하지 못하는 사람은 대개 두려움을 갖게 된다. 그리고 일단 두려움을 갖기 시작하면 상대방에 대해 더 알려고 하지 않는다. 우리 사회에서 이런 고질병이 되풀이되고 있는 것이다.

안타깝게도 리더에 대한 직원들의 태도에서 이런 두려움을 많이 찾아볼 수 있다. 노동자는 관리자를, 중간 관리자는 고위 관리자를, 고위 관리자는 임원을 두려워한다. 이러한 현상은 지나친 의심과 대화 부족, 생산성 감소로 이어진다.

예를 들어 '유나이티드 하스피털' United Hospitals, Inc.의 인사 부사장인 마이클 마코위치 Michael Markowich에 따르면 직원들이 아이디어를 제안하기 두려워하는 이유는 다음과 같다.

- 내 아이디어가 묵살당할 것이다.
- 동료들이 내 아이디어를 좋아하지 않을 것이다.
- 좋은 아이디어를 제안했다가는 상사의 시기를 받을지 모른다.
- 골칫거리라는 말을 들을까 걱정한다.
- 쓸데없는 아이디어를 제안했다가 해고될까 두려워한다.[1]

위 이유들의 공통점은 '두려움'이다. 하지만 건전한 업무 분위기라면 서로의 장점을 말해주고 서로를 이해해줄 때 진정한 협력이 이루어질 수 있다. 특히 헤리 트루먼 대통령의 교훈을 마음에 새겨야 한다. "상대방의 관점을 이해해줄 때, 즉 그가 하려고 하는 일을 이해해줄 때 그는 십중팔구 일을 제대로 해낸다."

자기 중심적인 마음가짐

만약 두려움이 문제가 아니라면 자기 중심적인 마음가짐이 문제일 가능성이 높다. "개인적인 질문이 아닌 이상, 모든 질문에는 양면이 있다."고 누군가 말했다. 이 말은 많은 사람들의 마음가짐을 대변한다. 물론 의도적으로 그런 것은 아니지만 인간은 본래 자기 이익을 가장 먼저 생각하는 존재이다. 두 살배기 아이와 놀다보면 인간의 그런 본성을 금세 발견할 수 있다. 아이는 좋아하는 장난감을 손에 쥐면 절대 양보하지 않는다.

인간 본성의 자기 중심적인 마음가짐을 극복하는 한 방법은 다른 이의 관점에서 사물을 보는 것이다. 세일즈맨을 대상으로 한 연설에서 아트 모텔 Art Mortell 은 이런 경험에 관해 이야기했다. "저는 체스에서 질 때마다 자리에서 일어나 상대편 뒤에서 체스판을 봅니다. 그러면 제가 실수한 수가 눈에 보이기 시작하지요. 그 이유는 상대방의 관점에서 수를 보기 때문입니다. 세일즈맨에게도 이런 자세가 필요합니다. 즉 고객의 관점에서 세상을 보는 것입니다."[2]

직업에 상관없이 우리 모두에게도 그런 자세가 필요하다. 몇 년 전 나는 '인간관계에 대한 짧은 코스' A Short Course in Human Relations 라는 인용문을 정리해두었다. 이 인용문은 타인을 상대할 때 우리가 어떤 자세를 가져야 하는지 일깨워준다.

가장 덜 중요한 단어 : I 나

가장 중요한 단어 : We 우리

가장 중요한 두 단어 : Thank you. 고맙습니다.

가장 중요한 세 단어 : All is forgiven. 모두 용서했습니다.

가장 중요한 네 단어 : What is your opinion? 당신의 의견은 어떻습니까?

가장 중요한 다섯 단어 : You did a good job. 잘 하셨습니다.

가장 중요한 여섯 단어 : I want to understand you better. 당신을 더 잘 이해하고 싶습니다.

자기 중심적인 자세에서 상대방을 이해하는 자세로 바뀌려면 항상 상대방의 입장에서 보려는 의지와 노력이 있어야 한다.

차이를 인정하지 않는 태도

자기 중심적인 마음가짐을 버린 후에는 다른 사람의 개성을 인정하는 법을 배워야 한다. 자기 식대로 남을 생각하지 말고 차이를 인정하라는 뜻이다. 자신에게 없는 재능을 다른 사람이 갖고 있으면 좋지 않은가? 서로의 약점을 메워줄 수 있으니까.

다른 문화권에서 온 사람이 있으면 마음을 열고 배울 점을 찾아라. 그렇게 배운 지식은 비단 그 사람과의 관계뿐 아니라 여러 모로 쓸모가 많다. 또 성격의 차이도 갈등이 아닌 상호유익으로 이어질 수 있다. 예를 들어보자. 다혈질인 나는 장난을 좋아하고 눈 깜짝할 사이에 결정을 내리곤 한다. 반면 짐은 생각이 깊고 냉철하다. 그래서 결정을 내려야 할 때면 현명한 선택을 위해 가능한 많은 정보를 수

집하고 오래 생각한다. 이렇게 서로 다르지만 우리는 혼자보다 둘이 있을 때 더 많은 성과를 거둔다.

서로의 차이를 인정할 수 있는 수준에 이르면 리더십이 크게 향상됨을 느낄 수 있다. '켄리 주식회사'Kenley Corporation의 사장 조셉 벡Joseph Beck도 이러한 사실을 알고 있었다. 그가 말하는 영향력 있는 사람은 이렇다. "영향력 있는 사람이라면 사람마다 다른 방법으로 동기를 부여해야 한다는 점을 알고 있어야 한다. 예컨대 훌륭한 농구 코치는 선수를 격려해야 할 때와 나무랄 때를 알고 있다. 단, 격려는 모든 선수에게, 꾸지람은 단지 몇 명에게만 필요하다."

유사성을 인정하지 않는 태도

다른 사람에 관해 알면 알수록 자신과 공통점이 많다는 사실을 느끼게 마련이다. 사람은 누구나 희망과 두려움, 기쁨과 슬픔, 성공과 실패의 경험을 갖고 있기 때문이다. 아마도 이런 공통점을 가장 인정하지 않으려는 시기가 청소년기일 것이다. 다음의 이야기가 이러한 사실을 잘 보여주고 있다.

한 십대 소녀가 아버지에게 모든 문제를 털어놓고 말했다. 친구와의 갈등, 학업과 선생님에 대한 불평 등 그 또래에게서 쉽게 나타날 수 있는 문제들이었다. 이에 아버지는 딸의 문제 해결에 도움을 주기 위해 인생이 보기보다 나쁘지 않다고 말했다. 그리고 사실 딸이 불필요한 걱정을 하고 있다고 덧붙였다.

그러자 딸이 풀죽은 목소리로 말했다.

"말은 쉽지요. 아무 걱정거리 없는 아버지가 제 마음을 어떻게 알겠어요?"

모든 사람은 주위에서 일어나는 일에 나름대로 느끼며 살아간다. 따라서 상대방을 이해하려면 그와 같은 상황에 처했을 때 자신이라면 어떤 감정을 느낄지 생각해보아야 한다. 여러분은 이러이러한 상황에서 이러이러한 일이 일어났으면 하는 바람을 갖고 있을 것이다. 그런데 다른 사람들도 여러분과 비슷한 바람을 갖고 있을 확률이 높다.

이 점을 잘 보여주는 한 예를 들어보자.

여러 가지 초콜릿을 파운드 단위로만 파는 사탕 가게가 있었다. 그런데 이상하게도 한 점원 앞에는 손님이 길게 줄을 서 있고 다른 점원들 앞은 텅 비어 있었다. 하루는 가게 주인이 이 사실을 눈치채고는, 손님을 끌어모으는 점원에게 그 비결을 물었다.

"간단해요. 다른 점원은 초콜릿을 일 파운드보다 많이 떴다가 덜어요. 하지만 저는 항상 적게 떴다가 더 담아주거든요. 그러면 손님들이 낸 돈만큼 더 채워주려는 것처럼 보이거든요."

상대방을 이해하기 위해 필요한 것

무엇보다도 상대방에 관해 알아야 그를 이해하고 그 삶에 긍정적인 영향을 줄 수 있다. 그러나 상대방을 이해하기에 앞서 알아야 할 사항들이 있다. 그것을 다음 다섯 가지로 간추렸다.

1. 누구나 대단한 사람이 되기를 원한다

대단한 사람이 되기 싫은 사람은 아무도 없다. 심지어 야망 없이 분수에 맞게 살려는 사람도 남에게 존경받기를 원한다.

나는 마음 속에서 이런 욕구가 꿈틀대기 시작했을 때를 지금도 잊지 않고 있다. 내가 초등학교 4학년이었을 때 있었던 일이다.

아홉 살 때 나는 처음으로 농구 경기장에 가게 되었다. 그때의 기억은 지금도 생생하다. 나는 친구들과 함께 경기장의 발코니에 서 있었다. 그런데 내 관심은 경기 자체가 아니었다. 그것은 바로 경기 전 행사였다. 모든 불이 꺼지고 몇 개의 스포트라이트가 켜졌다. 그리고 나서 아나운서가 출전 선수의 이름을 부르자 박수갈채 속에서 선수들이 한 명씩 경기장 중앙으로 달려나왔.

그 모습을 본 나는 마구 흥분이 되어 말했다. "와, 나도 저렇게 했으면 좋겠다." 선수 소개 시간이 끝나자 나는 친구 바비 윌슨을 바라보며 다시 말했다. "바비, 고등학교에 가면 저 아나운서가 내 이름을 부를 거야. 그러면 나는 스포트라이트를 받으며 저

농구 경기장 중앙으로 달려갈 거고, 많은 박수갈채도 받겠지. 왜냐하면 나는 대단한 사람이 될 거니까."

그날 밤 나는 집으로 돌아가 아버지에게 말했다.

"농구 선수가 되고 싶어요."

아버지는 곧 바로 농구공을 사주셨고 우리는 차고에 골대를 설치했다. 그후로 나는 종종 차고 앞의 눈을 치우고 자유투와 드리블 연습을 했다. 언젠가 대단한 사람이 되겠다는 꿈을 가지고.

그런 꿈이 삶에 무슨 영향을 미칠 수 있겠냐고? 천만의 말씀이다. 6학년 때 교내 대항 농구 시합에 참여했던 기억이 난다. 당시 우리 팀은 두 경기를 이겨 오하이오 주 서클빌의 올드 밀 스트리트 경기장에 가게 되었다. 바로 내가 4학년 때 농구 경기를 보았던 그 경기장이었다. 거기 도착했을 때 다른 선수들은 경기장으로 나가 몸을 풀었다. 하지만 나는 2년 전 고등학교 선수들이 앉았던 벤치로 갔다. 그리고 거기에 앉아 조용히 눈을 감았다.

상상 속에서 경기장의 모든 불이 꺼졌고 잠시 후 아나운서가 내 이름을 부르는 소리가 들렸다. 나는 상상 속에서 들려오는 아나운서의 소리에 실제로 경기장 중앙으로 달려 나갔다. 박수갈채가 들려왔다. 한 번 더 해보고 싶었다. 사실 그날 나는 세 번이나 그렇게 했다. 그리고 나서 정신을 차려보니 내 친구들이 가만히 서서 믿을 수 없다는 듯한 눈길로 나를 쳐다보고 있었다. 하지만 아무래도 상관없었다. 나는 내 꿈을 향해 한 발짝 더 가까이 다가가 있었다.

누구나 존경과 부러움의 대상이기를 원한다. 다시 말해, 누구나 대단한 사람이 되기를 원한다. 사람들의 이런 바람을 항상 염두에 두면, 만나는 모든 사람을 세상에서 가장 중요한 사람으로 대할 수 있게 된다. 그리고 그런 마음가짐이 대화 속에서도 묻어 나오게 되는 것이다.

2. 지식보다 사랑이 먼저이다

영향력 있는 사람이 되려면 지시하기 앞서 사랑을 베풀어야 한다. 사랑과 관심을 먼저 주어야 호감을 살 수 있기 때문이다.

사랑하기란 언제나 어렵다. 가장 행복하고 즐거운 기억도 사람과 관련되지만 가장 힘들고 마음 아픈 기억도 사람과 관련된다. 이처럼 사람은 가장 큰 자산이면서 동시에 가장 부담스러운 짐이다. 그러나 어떠한 경우라도 상대방에 대한 사랑을 잃어서는 안 된다.

'리더십의 역설적 계명' Paradoxical Commandment of Leadership이란 것이 있는데 그 내용은 다음과 같다.

> 사람은 불합리하고 자기 중심적이다. 그래도 사랑하라.
> 사람은 잘 대해주면 딴 속셈이 있는지 의심한다. 그래도 사랑하라.
> 성공하면 거짓 친구와 진짜 적을 만나게 될 것이다. 그래도 성공하라.
> 오늘 행한 선은 내일이면 잊혀진다. 그래도 선을 행하라.
> 정직하고 솔직했다가는 상처를 입기 쉽다. 그래도 정직하고 솔직

하라.

큰 생각을 가진 큰 사람은 작은 생각을 가진 작은 사람에 의해 무너질 수 있다. 그래도 크게 생각하라.

사람은 약자 편이지만 강자를 따른다. 그래도 약자를 위해 싸워라.

수년 동안 쌓은 것이 하루아침에 무너질 수 있다. 그래도 쌓아라.

사람은 도움이 절실히 필요하지만 정작 도움을 주려는 사람을 공격할 수도 있다. 그래도 도와라.

세상에 최상의 것을 주었다가는 곤혹을 치를 것이다. 그래도 세상에 최상의 것을 주어라.

발전할 수 있으면 현재에 만족하지 말라.

남을 돕고 영향력 있는 사람이 되고 싶다면 항상 웃고 아낌없이 나누어 주어라. 한 쪽 뺨을 때리면 다른 쪽 뺨까지 내밀라. 그것이 타인을 올바르게 대접하는 길이다. 여러분의 영향을 받은 사람이 커서 여러분의 삶과 다른 사람들의 삶을 바꾸어 놓을지 누가 알겠는가?

3. 모든 사람은 누군가를 필요로 한다

일반적인 통념과 달리 엄밀한 의미의 '자수성가'란 없다. 누구나 주변 사람들의 우정과 격려, 도움이 필요하기 때문이다. 남과 함께 일할 때 얻는 성과에 비하면 사람이 혼자서 할 수 있는 일은 거의 없다고 해도 과언이 아니다. 또 함께 일하면 만족감도 얻을 수 있다. 사실 고독한 방랑자가 행복한 경우는 극히 드물다. 고대 이스라엘의 솔로몬 왕은 협력의 중요성을 이렇게 표현했다.

> 혼자보다 둘이 낫다. 왜냐하면 다음과 같은 유익이 있기 때문이다.
> 한 명이 넘어지면 친구가 붙들어 일으켜줄 수 있지만
> 넘어져도 도울 친구가 없는 사람은 불쌍하다.
> 또 둘이 함께 누우면 따뜻하지만
> 혼자서 어떻게 온기를 유지할 수 있으랴.
> 혼자서는 패하지만
> 둘이서는 방어할 수 있다.
> 세 겹줄은 쉽게 끊어지지 않는다.[3]

혼자서 모든 일을 하려는 사람은 자주 곤란에 빠진다. 건설 현장에서 다쳐 보험금을 청구하게 된 한 벽돌공의 처절한 이야기를 들어보자.

모든 벽돌을 손으로 나르면 시간이 너무 많이 걸릴 것이 분명했다. 그래서 벽돌을 통에 넣고 건물 꼭대기에 고정시킨 도르래를 이용해 내리기로 했다. 일단 땅에 로프를 매고 꼭대기로 다시 올라와 그 로프를 통에 묶고 벽돌을 채운 뒤 인도 위쪽으로 매달아놓았다. 그러고 나서 인도로 내려가 통이 천천히 내려오도록 로프를 꽉 잡고 천천히 풀었다. 하지만 기껏해야 60킬로그램밖에 안 되는 내 몸무게로 150킬로그램이나 되는 통을 견딜 수는 없었

다. 결국 통이 떨어지기 시작했는데 너무 빨라서 그만 로프 놓는 것을 잊고 말았다. 그래서 로프를 잡은 채 공중으로 끌려 올라가다가 2층과 3층을 지나 통과 부딪치게 되었다. 내 상체가 찢기고 멍든 이유가 이 때문이다.

꼭대기에 도착할 때까지 로프를 꽉 쥐고 있다가 도르래에 손이 끼었다. 엄지가 부러진 이유가 이 때문이다.

동시에 통이 인도에 부딪치면서 바닥이 깨졌다. 그러자 벽돌이 모두 빠지고 15킬로그램 무게의 통만 남았다. 그래서 60킬로그램의 내 몸이 바닥으로 곤두박질치다가 빈 통에 부딪쳤다. 내 발목이 부러진 이유가 이 때문이다.

약간 느려지긴 했지만 나는 여전히 곤두박질쳤고 결국 벽돌 더미에 부딪쳤다. 등이 골절되고 목이 부러진 이유가 이 때문이다.

그때 나는 완전히 정신을 잃어 로프를 놓았고 빈 통이 내 위에 떨어졌다. 머리를 다친 이유가 이 때문이다.

보험 서류의 마지막 질문 "똑같은 상황이 또 발생한다면 어떻게 할 것인가?"에 대한 그의 답은 이러했다.

"앞으로 혼자서 모든 일을 하려고 하지 않겠습니다."

4. 이해하고 믿어주면 누구나 대단한 사람이 될 수 있다

상대방을 이해하고 믿어주면 그는 대단한 사람이 될 수 있다. 큰 노력이 필요한 것도 아니다. 적절할 때 하는 작은 일이 큰 변화를 일으킬 수 있다. 내가 겪었던 이 이야기처럼 말이다.

고맙게도 나는 샌디에이고에서 14년 동안이나 매우 큰 집회를 열 수 있었다. 매년 거기서 멋진 크리스마스 공연을 했는데 매년 3,000명 이상이 스물여덟 가지의 공연을 관람했다.

공연에는 항상 어린아이들이 참여했는데 그 중에서도 아이들의 노래 공연이 가장 기억에 남는다. 당시 300명의 아이들이 천사처럼 차려입고 손에 촛불을 든 채 노래를 불렀다. 아이들은 노래가 끝나면 무대에서 내려와 복도를 지나 교회 앞 로비를 통해 빠져나갔다.

첫 번째 노래 공연 도중 나는 로비에서 아이들을 기다리기로 했다. 공연이 끝나고 아이들이 로비를 지나가자 나는 박수를 치고 칭찬을 하면서 말했다. "얘들아, 정말 잘했다!" 내가 거기 있을 줄 몰랐던 아이들은 약간 놀라기는 했지만 기뻐하는 눈치였다.

나는 두 번째 공연 때도 로비에서 기다렸다. 복도에서 걸어나오는 아이들의 얼굴에는 내가 기다리고 있기를 기대하는 모습이 역력했다. 세 번째 밤 공연 때 아이들은 복도의 코너를 돌다가 나를 발견하고는 환하게 미소를 지었다. 그리고 로비에 도착해서 나에게 하이파이브를 하면서 즐거워했다. 내가 자기들을 믿고 소중히 여긴다는 사실을 알았던 것이다.

여러분으로 인해 다른 사람이 특별한 사람이 된 것 같은 기분을 느낀 적이 있는가? 그런 느낌을 주기 위해서는 큰 노력이 필요하지 않다. 반면 그 유익은 이루 말할 수 없이 크다.

누구나 다른 사람의 삶에 중요한 사람이 될 수 있는 가능성을 갖고 있다. 여러분은 그저 그 가능성을 현실로 이루기 위해 격려와 관심만 주면 되는 것이다.

5. 한 사람을 도울 때 사실은 수많은 사람에게 영향을 주고 있는 것이다
상대방을 이해하기 위해 마지막으로 알아야 할 것이 있다. 한 사람을 도울 때 사실은 수많은 사람에게 영향을 주고 있다는 점이다. 그 한 사람이 또 다른 많은 사람에게 도움을 줄 수 있기 때문이다. 심지어 선한 동기를 갖고 남을 도우면 자신에게도 유익이 돌아온다. 아니, 오히려 주는 것보다 받는 것이 많아진다. 즉 남에게 끊임없는 존경과 애정을 받게 된다.

타인을 이해하기로 결심하라

물론 본래부터 타인의 생각과 감정을 잘 헤아리는 사람도 있다. 하지만 그런 재능을 타고나지 않았어도 상관없다. 결심만 하면 누구나 타인을 이해하고 영향력 있는 사람이 될 수 있기 때문이다.
상대방의 삶을 변화시키기를 진심으로 원한다면 다음과 같은 자세를 갖기 위해 노력하라.

상대방의 시각에서 보는 자세

《하버드 MBA에서도 가르쳐주지 않는 것들》What They Don't Teach You at Harvard Business School 의 저자 마크 맥코맥 Mark McCormack 이 미국의 프랜차이즈 전문지인 월간 《기업가》Entrepreneur 에 놀라운 이야기를 기고한 적이 있었다. 그 이야기는 다른 사람의 시각에서 보는 자세가 왜 중요한지 말해주고 있다.

몇 년 전 공항 매표소에서 있었던 일이다. 내 앞에서 한 소녀와 소년이 아이스크림 하나를 놓고 싸우고 있었다. 그리고 그 아이들 앞에는 밍크 코트를 입은 여자가 서 있었다. 아이스크림이 하나밖에 없으니 아이들이 싸우는 것은 너무도 당연했다. 싸우는 아이들을 어떻게 할까 망설이고 있을 때 소녀가 소년에게 말하는 소리가 들렸다.
"찰리, 멈추지 않으면 아이스크림에 밍크 털이 묻는다니까."
사실 소녀는 소년의 아이스크림을 뺏으려는 것이 아니라 밍크 털을 입은 여자에게 다가가지 못하게 하려는 것이었다.

대부분의 사람들은 누군가를 상대할 때 자신의 경험만을 기준으로 생각한다. 또 자신의 입장과 배경, 상황에서만 다른 사람과 사건을 보는 경향이 있다. 그래서 북아메리카 프로 미식축구 리그 신시내티 뱅갈스의 팻 맥아이널리 Pat McInally 가 이런 말을 했을 것이다.
"하버드에서는 나를 운동선수라고 불렀는데 프로 세계에서는 나를 지식층이라 부르지 뭐야?" 사실 그는 전혀 변하지 않았지만 그를 바라보는 다른 사람들의 시각이 변한 것이다.

다른 사람의 시각에서 사물을 보면 삶이 전혀 다르게 보인다. 그래서 새로운 방법으로 남을 도울 수 있다. 프랑스 철학자 볼테르Voltaire의 소설 《자디그》Zadig에 실린 다음 이야기는 새로운 방법으로 사람과 상황을 바라보는 자세의 중요성을 말해준다.

한 나라가 발칵 뒤집혔다. 왕이 아끼는 말을 잃어버린 것이다. 왕은 밀사를 보내 온 나라를 샅샅이 뒤졌지만 아무 소용이 없었다. 이에 안달이 난 왕은 큰 상금을 내걸었다. 많은 사람들이 상금을 타기 위해 말을 찾았지만 말은 어디에도 없었다.

그러던 어느 날 한 바보가 왕을 찾아와 말을 찾을 수 있다고 하는 것이 아닌가? 이 말에 왕은 자리에서 벌떡 일어났다.

"네가? 아무도 찾지 못한 내 말을 네가 찾을 수 있다고?"

"예, 폐하."

"그렇다면 찾아보거라."

물론 별로 기대를 하지 않았지만 손해볼 것도 없었다.

몇 시간도 채 지나지 않아 말이 궁중으로 돌아왔다. 왕은 믿을 수가 없었다. 즉시 재무상을 시켜 바보에게 상금을 내리고 어떻게 말을 찾았는지 물었다. 똑똑한 사람들이 모두 찾지 못한 말을 바보가 어떻게 찾을 수 있었는지 정말 모를 일이었다. 그런데 바보의 대답은 의외로 간단했다.

제5장 | 인정하고 이해하라 **165**

"별거 아닙니다, 폐하. 그저 제가 말이라면 어디로 갈까 생각해보았습죠. 그리고 거기로 갔더니 말이 있었습니다."

진심 어린 공감

남을 이해하고 돕기 위해 필요한 자세 중에는 진심 어린 공감이 있다. 그런데 캔자스 출신의 한 목사에 관한 다음 이야기에서 알 수 있듯 본래부터 공감할 수 있는 능력을 가진 사람은 매우 드물다.

그 목사는 뉴잉글랜드에서 고향으로 돌아오던 중 기차역에서 한 성도를 만났다.

"반갑습니다. 고향에는 아무 일 없습니까?"

"그게 말입니다. 목사님, 회오리바람이 불어 저희 집이 무너졌습니다."

인정머리 없는 목사는 눈살을 찌푸리며 이렇게 말했다.

"전혀 놀랄 일이 아니군요. 그러게 제가 전에 똑바로 살라고 경고하지 않았습니까? 당연한 벌을 받은 겁니다."

"그런데 목사님, 목사님 집도 무너졌습니다."

"그게 정말입니까?"

목사는 잠시 놀란 표정을 짓더니 이내 입술을 떼었다.

"아, 역시 주님의 뜻은 인간이 헤아릴 수 없군요."

여러분의 집이 무너지기 전에 다른 사람들의 걱정을 함께 나누어

라. 사람들에게 강하지만 부드러운 손길을 내밀어라. 그러면 그들의 마음을 얻을 수 있다.

긍정적인 태도

작가 하퍼 리Harper Lee 는 "대개 사람은 보고 싶은 것을 보고 듣고 싶은 것을 듣는다."고 했다. 그러므로 상대방에 대해 긍정적인 태도를 가져라. 상대방을 진심으로 믿어주어라. 그러면 다른 사람의 삶에 영향을 미칠 수 있다. 하지만 그에 앞서 생각을 바꾸어야 한다. 다음과 같은 생각을 갖고서는 영향력 있는 사람이 될 수 없다.

남이 오래 걸리면 느린 것이고,
자기가 오래 걸리면 철저한 것이다.
남이 하지 않으면 게으른 것이고,
자기가 하지 않으면 바쁜 것이다.
남이 시키지도 않은 일을 하면 주제 넘는 것이고,
자기가 그러면 솔선하는 것이다.
남이 규칙을 무시하면 무례한 것이고,
자기가 그러면 당연한 것이다.
남이 상사를 기쁘게 하면 아첨꾼이고,
자기가 상사를 기쁘게 하면 협조한 것이다.
남이 성공하면 운이고,
자기가 성공하면 열심히 일한 대가이다.

긍정적인 태도는 영향력 있는 사람이 되기 위해 꼭 필요한 요소이다. 긍정적인 생각을 가지면 다른 사람에게 큰 영향력을 발휘할 수 있다. 긍정적인 사고를 누구보다도 강조하는 로버트 슐러Robert Schuller 목사는 《삶을 바꾸는 사람들》Life Changers에서 다음과 같은 이야기를 들려주고 있다.

소년은 자기 집 뒤뜰에서 어깨를 으쓱하며 "나는 세상에서 가장 위대한 야구 선수다."라고 외쳤다. 그런 다음 어깨에 방망이를 메고 야구공을 위로 던진 뒤 방망이를 휘둘렀지만 공을 맞추지 못했다. 그래도 소년은 "나는 역사상 가장 위대한 야구 선수다."라고 다시 외쳤다. 이번에도 공을 던지고 방망이를 휘둘렀지만 실패였다. 소년은 잠시 방망이를 살피더니 허리를 굽혀 공을 다시 집고 말했다. "나는 역사상 가장 위대한 야구 선수다." 이번에는 쓰러질 듯이 힘차게 방망이를 휘둘렀다. 하지만 공은 그냥 발 앞에 떨어지고 말았다. 그래도 소년은 외쳤다. "저런, 투수가 문제야."[4]

> 만나는 모든 사람을 세상에서 가장 중요한 사람으로 대하면 그런 마음가짐이 대화 속에서도 묻어 나오게 된다.

영향력 있는 사람이 되고 싶다면 소년이 자신을 대하는 태도처럼 남을 대하라. 상대방을 이해하고 그의 관점에서 사물을 보는 자세가 중요하다. 짐 도년은 최근 뉴욕 주에 사는 나이 든 부모님을 방문했을 때 그러한 자세의 중요성을 깨달았다.

아흔 살이 내일모레인 우리 부모님은 평생을 열심히 일하셨다. 아버지는 나이아가라 폴스의 《가제트》Gazette의 편집장이셨고 어머니는 나이아가라 폴스의 메모리얼 병원의 야간 간호사이셨다. 내가 어렸을 적 어머니는 밤 11시에서 오전 7시까지 일하셨다. 그래서 아침이면 나를 깨워 아침을 차려주시고 점심을 싸주셨다. 오후에 학교에서 돌아와도 어머니는 집에 계셨다. 그래서인지 당시 나는 어머니가 일한다는 사실을 전혀 몰랐다.

어렸을 적 우리는 아주 작은 집에서 살았다. 하지만 부모님은 은퇴하시고 난 후 그 집을 팔고 작은 아파트로 이사를 하셨다. 연금이 매우 적었기 때문이다.

돈의 여유가 생기면 누구나 그렇듯이 나와 낸시는 우리 부모님께 효도할 방법을 찾고 있다. 지금까지 길러주신 은혜에 작은 보답을 하고 싶었던 것이다. 최근 우리는 부모님을 위해 나이아가라 폴스에서 가장 비싼 건물의 펜트하우스를 임대하기로 했다. 화려할 뿐 아니라 나이아가라 폭포가 한 눈에 보이는 곳이었다.

하지만 6개월 후 부모님은 이사를 하고 싶다고 말씀하셨다. 어머니의 시력이 안 좋아져 나이아가라 폭포가 보이지 않는다는 이유였다. 한편 아버지는 폭포를 볼 수는 있지만 펜트하우스가 너무 높아 아주 불편하다고 하셨다. 실망스럽기는 했지만 마음에 들지 않는다고 하시니 어쩔 수 없었다. 우리는 부모님을 작은 아파트로 다시 모셨다.

그럼에도 효도하고 싶은 내 마음은 전혀 줄어들지 않았다. 그래서 어느 날 부모님 집을 깨끗이 정돈해 놓은 후 어머니를 모시고 가게로 갔다. 어머니는 아무것도 필요 없다고 하셨지만 나는 막무가내로 몇 가지 물건을 보여드렸다. 쓰레기통, 접시류, 작은 라디오, 토스터기 등이었다. 그 중에서도 토스터기는 꼭 필요하다는 생각이 들어서 골랐다. 원래 있던 토스터기를 사용하면 마치 대포처럼 빵이 튀어나왔기 때문이다. 나중에 어머니가 이웃에게 새 토스터기를 보여주며 "내 아들이 이걸 사주었다오!"라고 말씀하셨다는 소리를 들었을 때 내 기쁨은 이루 말할 수 없었다.

나와 낸시는 부모님께 큰 선물을 드리고 싶었다. 하지만 부모님에게는 크기가 중요하지 않았다. 그저 토스터기 하나면 충분했다. 그러나 다시 기회가 생겼다. 부모님이 아파트 앞에 심을 작은 나무를 원하셨다. 여름에 시원한 그늘 아래 앉아 쉬시고 싶었던 것이다. 그런데 이번에도 어머니는 이렇게 말씀하셨다.

"하지만 너무 비싸니 묘목을 사다주렴."

우리는 오늘 당장 그늘을 만들어드리고 싶었다. 15년 뒤에나 자랄 묘목을 사드릴 수는 없었다. 우리는 밖에 나가 최대한 큰 나무를 사드렸다.

이처럼 부모님을 기쁘게 하는 데에는 많은 돈이 들지 않았다. 그저 약간의 이해가 필요했을 뿐이다.

이런 교훈을 마음에 새기는 사람은 많지 않다. 많은 사람들이 자기 멋대로 행동하고는 왜 사람들이 자기 곁을 떠나는지 의아해한다. 하지만 타인에게 영향을 미치려면 그의 필요를 찾아 충족시켜주어야 한다. 그것이 동기 유발의 열쇠이며 영향력 있는 사람이 되기 위한 비결이다.

| 영향력 점검표 |

이해심을 키우는 법

☐ 여러분의 이해 능력을 평가하라
다음과 같은 기준으로 여러분의 이해 능력을 평가하라.

- **매우 뛰어남** 거의 모든 상황에서 상대방의 감정과 행동을 예측할 수 있다. 이해 능력은 나의 최대 장점 중 하나이다.
- **뛰어남** 항상 상대방의 행동과 요구에 귀를 기울인다. 이해 능력은 내 자산이다.
- **보통** 상대방의 생각을 예측할 때도 있지만 그렇지 못할 때도 그만큼 많다. 나의 이해 능력은 평범하다.
- **부족함** 상대방의 감정과 동기를 거의 모르겠다. 분명 개선이 필요하다.

☐ 평가 후 행동 절차
매우 뛰어나다는 평가가 나왔으면 남에게 그 비결을 가르쳐주어라. 뛰어나거나 보통의 수준으로 평가가 나왔으면 계속해서 배우고 발전하라. 새로운 사람을 만날 때마다 다음 네 가지 질문을 이용해 이해력을 즉시 향상시킬 수 있다.

1. 그는 어디에서 왔는가?
2. 그는 어디로 가기를 원하는가?
3. 현재 그가 원하는 것은 무엇인가?
4. 내가 어떻게 도울 수 있는가?

☐ 이해 능력이 생각보다 부족하다면
남을 존중하지 않는 것이 근본 원인일 수 있다. 그럴 경우 켄 케이즈Ken Keyes의 말을 마음에 새겨라. "사랑하는 사람은 사랑의 세계에서 산다. 반면, 미워하는 사람은 미움의 세계에서 산다. 요컨대 당신이 만나는 모든 사람은 당신의 거울이다."

제6장

더 크게 성장시켜라
Enlarges People

일단 개인적으로 안정감을 느끼는 나이에 이르면
배우기를 멈추고 남은 생애 동안 빈둥거린다.
물론 그들도 조직에서 승진하기 위해 야망과 열정을 가지고 밤낮없이 일한다.
하지만 더 이상 배우지는 않는다.
- 필립 크로스비

Enlarges People

　누군가에게 진실성의 모범을 보이고 동기를 유발했다면 다음 단계로 나아가 그의 삶에 영향을 미칠 준비가 된 셈이다. 그 다음 단계가 어떤 것인지 짐 도넌의 이야기를 통해 알아보자.

　수년 동안 에릭은 30번이 넘는 뇌수술을 받았지만 깨끗한 정신과 희망을 잃지 않았다. 오히려 뛰어난 유머 감각으로 우리를 즐겁게 했다.
　한번은 수술 도중 에릭이 경련을 일으켰다. 그 결과 근육이 균형을 잃어 오른손을 자유롭게 쓸 수 없고 등뼈가 심각하게 굽고 말았다. 그래서 그로부터 2년 후 척추 유합시술을 받고 목 아래에서 골반까지 철심을 박아야 했다. 그리고 다시 3개월 동안 몸 전체에 깁스를 한 채 회복되기를 기다려야 했는데 그 결과 몸의 전체 기능이 크게 악화되었다. 하지만 에릭은 특유의 긍정적인 사고로 이 모든 역경을 극복해냈다.
　에릭의 척추수술 이후 낸시는 더 이상 에릭을 혼자 돌볼 수 없었다. 그래서 계속되는 재활 치료 동안 에릭을 안아 옮기는 등 그의 일상을 도와줄 전속 도우미를 고용하기로 결정했다. 그런데 우리는 어떤 사람이 필요한지는 정확히 알고 있었지만 그런 사람을 어디서 어떻게 구할지가 막막했다.

그러던 어느 날 낸시는 한 친구에게서 페르난도라는 사람에 관한 이야기를 들었다. 그의 이야기대로라면 페르난도야말로 우리에게 꼭 필요한 사람이었다. 그런데 그 친구의 말이 약간 의외였다.

"에릭에게 딱 맞는 사람이야. 하지만 그를 고용할 수는 없을 거야."

그럼에도 낸시는 뜻을 굽히지 않았다.

"그냥 전화번호만 알려줘. 나머지는 내가 알아서 할 테니까."

몇 주 후 우리는 페르난도를 고용했다. 정말 친구의 말대로였다. 페르난도는 샤프Sharp 병원의 재활 전문가였다. 또 에릭보다 다섯 살밖에 많지 않았지만 이미 아동 학대 복지원의 그룹 책임자를 비롯해 재활 분야에서 7년 동안 일한 경험이 있었다. 페르난도와 에릭은 만나자마자 하나가 되었다. 한 마디로 페르난도는 전문 기술과 인간애를 모두 갖추고 있었다.

신께서 페르난도라는 사람을 통해 에릭과 우리 가족에게 얼마나 놀라운 선물을 주셨는지는 말로 다 표현하기 힘들다. 페르난도는 에릭의 성장을 자신의 임무로 보았다. 에릭이 잠재력을 모두 발휘할 수 있을 때까지 성장시켰다. 그뿐 아니라 페르난도는 재활 분야의 새로운 지식과 기술을 계속 배우면서 자신도 성장해 나갔다. 그 결과 에릭의 삶이 크게 변했다.

두 사람이 함께 협력하는 동안 에릭은 매년 타는 스키 외에도 많은 활동에 참여하게 되었다. 에릭은 수상 오토바이도 배웠다. 당시만 해도 나는 에릭이 수상 오토바이를 타고 40킬로미터를 간다는 것을 상상조차 할 수 없었다. 그러나 페르난도와 에릭은 그 일을 해냈다. 그 외에도 에릭은 2학년 보조교사로 자원했고, 독일어를 공부했으며, 한 주에 이틀씩 우리 사무실에서 일했다. 또 한 주에 이틀씩 수영을 하고 웨이트트레이닝을 하기 시작했다. 이제 신체적으로 큰 장애를 가진 에릭의 모습은 온데간데없이 사라졌다. 에릭의 삶은 완벽했고 매일매일 도전을 통해 풍부해져가고 있었다.

에릭이 페르난도를 만난 이후 가장 잊지 못할 경험 중 하나는 전동 휠체어 축구에 참여한 일이었다. 전동 휠체어 축구는 전동 휠체어를 타고 경기하는 새로운 스포츠이다. 이 스포츠 선수들은 체육관에 모여 두 팀으로 나누어 대항하며 커다란 공으로 점수를 낸다. 에릭은 이 스포츠를 매우 좋아하며 주로 골키퍼를 맡는다.

얼마 전 페르난도는 전동 휠체어 축구 토너먼트를 치르기 위해 에릭을 데리고 캐나다 밴쿠버를 다녀왔다. 그것은 에릭에게 매우 특별한 경험이었다. 페르난도와 에릭은 함께 비행기를 타고 밴쿠버로 날아가 호텔에서 여장을 푼 뒤 차를 빌려 시내를 구경했다. 단 둘이서 말이다. 시내 구경도 좋았지만 에릭은 특히 5일간에 걸쳐 치러진 토너먼트 시합에 열광했다. 골도 두 골이나 넣었다. 그리고 무엇보다도 에릭의 팀이 금메달을 획득했다.

우리는 에릭이 그렇게 기뻐하는 모습을 본 적이 없었다. 에릭은 집으로 오는 비행기 안에서도 금메달을 목에서 빼지 않았다. 물론 에릭의 도전은 거기서 끝나지 않았다. 그때부터 에릭은 강한 자신감을 갖고 어떤 도전에도 과감히 부딪혔다. 그 점에서 페르난도의 공이 참으로 컸다. 에릭에 대한 그의 믿음과 자신의 세계를 넓히려는 그의 소망이 없었다면 이처럼 놀라운 일이 결코 일어나지 않았을 것이다.

영향력 있는 사람이 되어 타인에게 긍정적인 영향을 미치려면 그와 하나가 되어 그의 삶에 적극 관여해야 한다. 페르난도는 짐의 아들 에릭에게 그러했다. 그리고 누군가의 삶을 바꾸고자 하는 여러분이 바로 그러해야 한다.

진실성을 가진 사람으로서 모범을 보이는 일은 영향력 있는 사람이 되기 위한 첫 단계이다. 이는 확고한 기초를 쌓는 일과도 같다. 그 다음 단계는 동기 유발이다. 상대를 양육하면서 그를 신뢰하고 그의 희망과 두려움에 귀를 기울이며 그를 이해하는 것이다. 그리고 강한 유대 관계를 형성하고 성공의 발판을 마련해주는 것이다. 그러나 그가 진정으로 성장하고 성공하기를 원한다면 다음 단계인 멘토링이 필요하다.

멘토링의 의미

누군가에게 성장할 동기를 주면서 수단은 제시하지 않는다면 아무 소용이 없다. 그러나 멘토링은 상대방의 잠재력과 꿈을 현실로 바꿀 기회를 제공한다. 그리고 일단 멘토링을 통해 미친 영향력은 영원히 사라지지 않는다고 말할 수 있다.

19세기 영국 정치가 윌리엄 글래드스톤 William Gladstone 은 이렇게 주장했다.

"자신에게 맞지 않는 일에 열정을 허비하지 않는 사람은 현명하다. 그러나 자신이 잘 할 수 있는 일을 찾아 그것에 최선을 다하는 사람은 더욱 현명하다."

자신이 가장 잘 할 수 있는 영역을 알고 있는 사람은 그리 많지 않다. 대부분의 사람들은 그 영역을 찾아 성장하고 꿈을 실현하기 위해 도움을 필요로 한다. 멘토링이 꼭 필요한 이유가 바로 이것이다. 여러분은 타인의 인격과 직업의 성장에 있어 홀로 설 수 있을 때까지 지도해야 한다.

《리더》The Leadership Challenge 의 공동 저자 제임스 쿠제스 James Kouzes 와 배리 포스너 Barry Posner 는 멘토링에 속하는 리더십에 관해 말하고 있다. "리더는 선구자이다. 그는 사람들을 미지의 세계로 이끈다. 우리를 새롭고 낯선 곳으로 인도한다. 리더와 그 독특한 기능이 필요한 유일한 이유는 우리를 앞으로

한번 멘토링을 통해 미친 영향력은 영원히 사라지지 않는다.

나아가게 만들기 때문이다. 리더는 우리를 어딘가로 데려간다."

훌륭한 멘토링은 상대방을 성장으로 이끄는 것이다. 이번 장과 다음 세 장은 멘토링의 다음 네 가지 방법에 초점을 맞춘다. 첫째, 상대방을 성장시킨다. 둘째, 상대방의 나침반이 되어 인생의 문제를 해결한다. 셋째, 상대방과 더 깊은 관계를 맺는다. 넷째, 상대방이 잠재력을 극한까지 발휘할 수 있도록 권한을 부여한다.

타인을 성장시키는 일은 투자와 다름없다

작가 앨런 로이 맥기니스 Alan Loy McGinnis 는 "세상에 누군가가 성공할 수 있도록 돕는 일만큼 고귀한 직업은 없다."고 말했다. 누군가가 성장하도록 돕는 일은 타인을 위해 할 수 있는 일 중 가장 귀한 일이다. 내가 쓴 책 《성공여행─꿈으로 사는 인생과정》The Success Journey 에서 말했듯이, 잠재력을 최대로 발휘하는 것은 성공의 세 가지 요소 중 하나이다. 참고로 나머지 두 요소는 목적을 아는 것과 타인에게 유익이 되는 씨앗을 뿌리는 것이다.

한번은 록히드 항공기 제조회사의 전 사장 로버트 그로스 Robert Gross 가 자사 관리자들에게 이러한 설명을 했다.

"제품을 만드는 일과 회사를 세우는 일은 서로 다르다. 왜냐하면 회사는 곧 사람이고 회사에서 나오는 어떤 것도 사람보다 귀하지 않기 때문이다. 사실 우리는 자동차와 비행기, 냉장고, 라디오, 구두끈 등을 만드는 것이 아니다. 우리는 사람을 만든다. 그러면 그 사람이 제품을 만드는 것이다."

삶의 수준을 높여라

동기부여 전문가이자 저술가로 활동하는 데니스 웨이틀리Denis Waitley 는 "최고의 업적은 타인에게 유익을 끼치는 것이다."라고 말했다. 삶의 어떠한 영역에서든 타인이 성장하도록 돕는 것이 바로 유익을 끼치는 것이다. 왜냐하면 삶의 수준을 높여주기 때문이다. 다시 말해, 재능을 계발하고 새로운 기술을 습득하며 문제 해결 능력을 높이면 삶의 질과 만족감의 수준이 크게 높아진다. 성장하면 반드시 삶의 방식이 바뀌는 법이다.

> 타인을 성장시키는 일은 곧 기회를 잡는 것이다. 그의 잠재력 계발을 도울 수 있는 기회 말이다.

성공 가능성을 높여라

사업가 조지 크레인 George Crane 은 이렇게 주장했.

"어떤 직업에도 미래는 없다. 미래는 바로 그 직업을 가지고 있는 사람에게 있다."

성장하는 사람의 미래는 밝다. 더 넓은 시야, 더 나은 태도, 더 뛰어난 기술, 새로운 사고방식 등을 통한 성장은 더 좋은 성과와 더 나은 삶으로 이어진다. 그리고 궁극적으로 성공 가능성이 높아진다.

성장 능력을 높여라

타인의 성장을 돕는다는 말은 일시적으로 도움이 되는 무기나 도구를 제공한다는 뜻이 아니다. 그것은 장기적인 유익을 제공하는 것이다. 좋은 장비를 제공할 뿐 아니라 배우고 성장할 수 있는 능력을 높여주는 것이다. 일단 성장한 사람은 어떤 자원이나 기회가 생기든 그것을 최대한 활용할 수 있게 된다. 그리고 더 나아가 그러한 성장이 증식하기 시작한다.

조직의 가능성을 높여라

성장시키고자 하는 대상이 회사나 교회, 스포츠 팀, 클럽 등 그룹의 구성원이라면 그룹 전체가 그 구성원의 성장으로부터 유익을 얻을 수 있다. 예를 들어 조직 구성원들 대부분이 각자 조금씩만 성장해도 전체 조직의 수준은 크게 높아진다. 구성원 몇 명이 크게 성장하면 그들의 향상된 리더십의 영향으로 조직의 성장 및 성공 가능성이 높아진다. 이 두 종류의 성장이 동시에 이루어지면 그 조직은 곧 커다란 성공을 거두게 된다.

나의 친구 프레드 스미스Fred Smith는 뛰어난 리더이자 비즈니스 컨설턴트이다. 거의 3년 동안 매달 20명의 젊은 최고 경영자들과 만나 조언을 해주던 그는 어느 날 자신만의 시간이 필요하다는 사실을 깨달았다. 그는 잠시 그 경영자들을 만나지 않기로 결정했다. 프레드가 없는 동안에도 모임은 계속되었지만 결국 얼마 지나지 않아 프레드를 부를 수밖에 없었다. 프레드가 돌아왔을 때 그 경영자들은 바카라 크리스털 한 조각을 내놓았는데 거기에는 이러한 말이 새겨져 있었다. "그는 우리를 성장시켰다."

그렇다. 프레드는 수십 년간 그 경영자들을 성장시켰다. 그 경영자들뿐 아니라 앞으로 그들이 영향을 미칠 모든 사람에게 얼마나 큰 유익이 될지 그는 이미 알고 있었기 때문이다.

많은 사람들이 허황한 생각을 갖고 산다. 즉 성공은 원하면서도 변화하기는 거부하고 있는 것이다. 이런 사람들은 큰 문제만 없으면 된다는 안일한 생각에 빠져 있다. 그러나 잠재력을 최대로 발휘할 수 있을 때까지 성장하는 것이 바람직하다.

작가 헬렌 슈크먼Helen Schucman과 윌리엄 셋퍼드William Thetford의 말이 이러한 상황을 잘 대변해주고 있다.

"어떤 상황이든 올바로 보면 기회가 된다."

누군가를 성장시키는 일은 곧 기회를 잡는 것이다. 타인의 잠재력 계발을 도울 수 있는 기회를 말이다.

프랑스 수필가 미셸 에컴 드 몽테뉴Michel Eyquem de Montaigne는 이러한 말을 했다.

"삶의 가치는 얼마나 오래 사느냐에 있지 않고 어떻게 사느냐에 달려 있다. 오래 살지만 가치 있는 삶을 조금밖에 살지 못하는 사람도 있다."

성장시킨다는 말은 상대방이 주어진 시간을 최대한 잘 활용하고 삶의 질을 높이도록 돕는 것을 의미한다.

성장 도우미가 되라

누군가의 성장을 돕고 싶다고 해서 누구나 그럴 자격이 있는 것은 아니다. 따라서 먼저 자격을 갖추어야 한다. 대부분의 경우 타인을 성장시키려면 먼저 자신이 성장해야 한다. 특히 멘토링을 하려면 더욱 그렇다. 자신이 갖고 있지 않은 것을 남에게 전해줄 수는 없기 때문이다.

리더십 전문가 워렌 베니스 Warren Bennis 와 버트 내너스 Bert Nanus 도 이 문제에 관해 이렇게 말했다.

"리더가 추종자와 다른 점은 자신의 기술을 개발하고 개선하는 능력이다."

누군가의 성장을 돕기 위해 필요한 것 중에 가장 먼저 해야 할 일은 자신을 성장시키는 것이다. 자신이 성장할 때만이 상대방의 성장에 도움을 줄 수 있기 때문이다.

사람들은 자신보다 못한 사람을 따르지 않는다. 마찬가지로 성장하지 않는 사람으로부터 성장하는 법을 배우려는 사람은 없다. 따라서 어느 정도 수준에 이르렀다고 해서 만족하지 말고 계속 성장해나가야 한다.

생각해보라. 여러분의 고등학교 선생님이나 대학 교수 중에서 오래 전에 배우기를 그만두고 발전을 멈춘 사람이 있을 것이다. 아마도 그들은 학위를 받고 난 후 더 이상 발전을 추구하지 않았을 것이다. 과연 그들이 존경을 받았는가?

독일의 신학자이자 선교의사로 활동했던 앨버트 슈바이처 Albert Schweitzer 박사는 "성공의 최대 비밀은 절대 멈추지 않고 인생을 살아가는 것이다."라고 말했다. 계속해서 배우고 성장하는 것을 목표로 삼는 사람은 절대 '멈추지 않는' 사람이 된다. 항상 자신을 충전하고 최선의 방법을 찾는 것이다.

아직도 성장하고 있는지 확인하기 위해 지금 미래를 바라보고 있는지 자문하라. 아무 생각도 없거나 과거만을 바라보고 있다면 성장이 멈췄다는 증거이다.

"발견의 최대 장애물은 무지가 아니라 잘못된 지식이다."는 말이 있다. 일단 공식적인 교육을 마치면 많은 사람들이 개인적인 성장의 중요성을 망각한다. 하지만 절대 있어서는 안 될 일이다. 당장 오늘부터 시작해야 할 최우선 사항 중 하나는 바로 성장이다. 머뭇거리고 있을 시간이 없다.

"인생은 하나뿐이다. 인생은 두 영원 사이의 찰나에 불과하다. 우리에게 두 번째 기회란 영원히 없다." 스코틀랜드의 작가이자 사상가인 토머스 칼라일의 말처럼, 개인적인 성장 없이 하루를 허비할 때마다 자신과 타인을 성장시킬 기회를 잃는 것이다.

성장시킬 대상을 신중히 선택하라

자신이 성장하고 누군가의 성장을 도울 자격을 갖추었으면 어떤 대상을 선택할지 신중히 생각해야 한다. 물론 가까운 사람이든 전혀 모르는 사람이든 상관없이 모든 사람에게 진실성의 모범을 보여야 한다. 그리고 관계를 맺은 모든 사람의 동기 유발을 목표로 삼아야 한다. 그 대상은 가족, 직원, 교회의 교우, 동료, 친구, 누구라도 될 수 있다. 그러나 인생에서 만나는 모든 사람을 성장시킬 수 있는 시간은 없다. 그러기엔 너무 힘이 든다. 따라서 주위에서 가장 유망한 사람을 먼저 선택해야 한다. 성장 가능성이 가장 높은 사람 말이다.

미국의 아동문학가 릴리언 스미스 Lillian Smith 는 《꿈의 살인자》 Killers of the Dream 에서 다음과 같이 말했다.

"미국에 있는 우리와 전세계의 사람들은 평등이라는 말에 얽매여 있다. 그러나 평등이라는 말은 인간에게 어울리지 않는다. 평등이라는 말은 잊기 바란다. 평등은 공산주의자에게나 줘버려라. 꿈을 갖고 하늘 저편을 바라보는 사람들에게는 어울리지 않는 단어다. 평등은 수준 낮은 사람들에게나 어울린다."

물론 기회의 평등과 공평을 바라지 않는 사람은 아무도 없다. 하지만 모든 사람은 환경이나 기회에 똑같이 반응하지 않는다. 어떤 사람을 성장시킬지 고려할 때에는 이 점을 염두에 두어야 한다. 성장하기를 간절히 바라는 사람도 있다. 반면 개인적인 성장에 전혀 관심이 없거나 여러분의 도움을 원하지 않는 사람도 있을 수 있다. 상대방이 어떤 스타일인지 알아내는 일은 여러분의 몫이다.

성장시킬 대상을 고려할 때 다음의 도움말을 염두에 두어라.

인생 철학이 자신과 비슷한 사람을 선택하라. 성장시키고자 하는 사람이 마음속에 갖고 있는 가치와 우선순위가 자신과 비슷해야 한다. 자신과 상대방의 마음 바탕에 공통점이 없으면 결국 목적이 서로 다를 수밖에 없다. 그래서는 원하는 효과를 거둘 수 없다. 미국의 유명한 영화 제작자이자 사업가인 월트 디즈니의 동생이자 동료였던 로이 디즈니Roy Disney는 이렇게 말했다. "일단 자신의 가치가 어떠한지 안 상태에서는 어떤 결정을 내리기도 어렵지 않다." 한 걸음 더 나아가 자신과 멘토링 대상이 비슷한 가치를 갖고 있으면 둘이 협력할 때 조화로운 결정을 내릴 수 있다.

잠재력이 있는 사람을 선택하라. 믿을 수 없는 사람을 도울 수는 없다. 딱하게 보이는 사람이 아니라 가장 잠재력이 뛰어난 사람을 선택해 최선을 다해 멘토링하라. 다시 말해 미래가 유망해 보이는 사람을 선택하라. 상처받은 사람을 양육하고 사랑해주며 동기를 유발하라. 하지만 성장하고 성공할 가능성이 있는 사람에게만 자신의 전부를 쏟아라.

자신이 도움을 줄 수 있는 사람을 선택하라. 성장 가능성이 있다고 해서 누구나 여러분에게서 도움을 받을 수 있는 것은 아니다. 여러분의 장점 및 경험에 맞는 잠재력을 가진 사람을 찾아라.

상대방의 잠재력을 정확히 파악하라. 모든 사람이 잠재력을 최대로 발휘해 위대한 사람이 되면 더할 나위 없다. 또 멘토링의 최고 목적은 상대방을 최고의 수준까지 성장시키는 것이라는 점도 사실이다. 하지만 현실은 그렇지 않다. 누구나 현재보다 높은 수준으로 성장할 수 있지만 아무나 최고 수준에 이를 수 있는 것은 아니다. 따라서 상대방의 잠재력을 정확히 파악해 올바른 방향을 제시하는 일이 우선이다.

적당한 때 시작하라. 상대방의 삶에 있어 적당한 시기에 멘토링을 시작하라. "쇠가 달았을 때 두드려라."는 말이 있다. 이는 적당한 때에 행동하라는 의미이다. 이 속담의 기원은 14세기로 거슬러 올라간다. 당시 대장장이들은 금속을 원하는 모양으로 정확히 만들기 위해 적당한 온도일 때 그 금속을 두드려야 했다. 성장시키려는 사람에게도 이와 똑같이 해야 한다. 너무 빨리 시작하면 그 사람은 성장할 필요를 느끼지 못할 수도 있다. 그렇다고 너무 늦게 시작하면 도울 수 있는 기회 자체를 잃게 된다.

적당한 사람을 찾았으면 성장을 돕기 전에 반드시 그의 동의를 얻어야 한다. 격려와 동기 유발을 싫어할 사람은 없으므로 그것들에는 동의가 필요 없다. 그러나 멘토링은 서로가 그 과정을 알고 동의한 다음 100퍼센트의 노력을 기울여야 진정한 효과를 거둘 수 있다.

성장을 최우선으로 삼으라

누군가를 성장시키는 일은 보람이 있고 재미있다. 하지만 동시에 시간과 돈, 노력이 들어간다. 따라서 그 일을 최우선 사항으로 삼아 최선을 다해야 진정으로 성장시킬 수 있다. 내 친구 에드 콜 Ed Cole 은 "성장에는 대가가 따른다. 바로 헌신이다."라고 말한다. 헌신하기로 다짐했으면 누군가를 성장시킬 준비가 된 셈이다. 다음의 제안들이 그들을 성장시키는 데 큰 도움이 될 것이다.

가능성을 보아라

이탈리아 출신의 작곡가 잔 메노티 Gian Carlo Menotti 는 이렇게 주장했다.

"우리가 이룩한 모든 것, 우리가 허비한 모든 재능, 우리가 이룩할 수 있었지만 그렇지 못한 모든 것, 신이 이것들을 명확히 보여주는 그날, 지옥은 시작된다."[1]

잠재력을 제대로 발휘하지 못한 사람만큼 불행한 사람도 없다. 성장 도우미는 바로 이런 사람들의 잠재력 발견과 계발을 도울 수 있는 특권을 부여받았다. 하지만 무엇보다도 그들의 잠재력을 인식하는 것이 우선이다.

올림픽 수영 금메달리스트 제프리 가베리노 Geoffrey Gaberino 는 이를 이렇게 요약했다.

"이미 이룩한 업적과 앞으로 할 수 있는 일 사이에는 항상 커다란 갈등이 있다."

누군가를 성장시키고자 할 때 그가 할 수 있는 것을 찾으려고 노력하라. 성공의 가능성을 보아라. 눈뿐 아니라 마음으로 보고 들어라.

그가 개인적인 장애물을 극복하고 자신감과 희망을 가지며 자신의 모든 것을 쏟을 때 나타날 미래의 모습을 상상하라. 그렇게 하면 상대방의 가능성을 보는 데 도움이 될 것이다.

미래에 대한 비전을 제시하라

"이 세상에는 오직 두 종류의 사람밖에 없다는 사실을 항상 기억하라. 바로 현실주의자와 공상가이다. 현실주의자는 현재 자신이 어디로 가고 있는지 알고 있다. 반면 공상가는 이미 그곳에 도착해 있다."

대통령 연설 원고 작성자였던 로버트 오벤 Robert Orben 의 말이다. 상대방을 제대로 성장시키려면 마음의 눈으로 그의 미래를 보아야 한다. 미래에 대한 비전을 제시해 동기를 유발해야 한다.

누군가 이렇게 말했다.

"자신의 꿈이 지나치다는 생각을 갖지 말라. 꿈이 꼭 현실적일 필요는 없다. 꿈의 목적은 인생에 기쁨과 성취감을 주는 것이다."

깊이 새겨야 할 교훈이다.

현재의 능력으로 다소 이루기 힘든 꿈을 갖지 않으면 큰 성공을 거둘 수 없다. 상대방에게 비전을 제시하면 그는 자신의 잠재력과 가능성을 볼 수 있다. 그리고 그 비전에 신뢰감까지 더해준다면 그는 비전을 향해 나아가기 시작할 것이다.

영국이 낳은 위대한 정치인 벤자민 디즈레일리 Benjamin Disraeli 는 이렇게 단언했다.

"위대한 생각을 키워라. 사람은 자신의 생각보다 더 위대해질 수는 없기 때문이다."

상대방에게 원대한 비전을 심어주어라. 그러면 그는 그 비전에 맞는 삶을 살기 시작할 것이다.

상대방의 열정을 이용하라

성장 도우미는 상대방에게 성장하고자 하는 마음을 심어주어야 한다. 그 방법의 하나는 상대방의 열정을 이용하는 것이다. 모든 사람, 심지어 조용하고 감정을 잘 드러내지 않는 사람도 나름대로 열정을 갖고 있다. 바로 그 열정을 찾아야 한다.

과학자 윌리스 휘트니Willis Whitney는 이점을 이렇게 지적했다. "어떤 사람들은 할 수 있는 것을 할 수 없다고 말한다. 그리고 그 이유로 수많은 근거를 내세운다. 그런 사람들에게는 할 수 있는 근거가 필요하다."

상대방의 열정을 찾을 때에는 겉으로 드러난 욕구만 보아서는 안 된다. 그의 내면을 들여다보아야 한다. 이 점에 관해 해롤드 쿠시너Harold Kushner가 통찰력을 제시했다.

"사실 우리의 영혼은 명성이나 위로, 재물, 권력에 목말라 있지 않다. 이런 것들은 문제를 해결하고 다시 그만큼 많은 문제를 만들어 낸다. 우리의 영혼은 의미에 목말라 있다. 우리가 살아가는 법을 알아내 우리의 삶이 중요해지고 세상이 적어도 지금까지 우리가 겪은 세상과 약간은 달라질 것이라는 느낌 말이다."

상대방의 열정을 발견했으면 그것을 이용하라. 그 열정을 통해 잠재력을 발휘하고 삶에 대한 비전을 실현할 수 있음을 확신시켜라. 열정은 꿈을 현실로 이루는 데 도움을 줄 수 있다. 그래서 28대 미국 대통령 우드로 윌슨 Woodrow Wilson 은 이렇게 말했다.

"우리는 꿈을 통해 성장한다. 모든 위대한 사람들은 공상가이다. 그들은 여름날 부드러운 안개 속에서, 겨울 밤 따뜻한 불 앞에서 사물을 본다. 어떤 사람들은 그러한 위대한 꿈을 묻어버린다. 하지만 그 꿈을 키우고 간직하는 사람들도 있다. 어려운 시절 그러한 꿈을 키워라. 꿈이 현실로 이루어질 날을 진심으로 바라는 사람은 반드시 그러한 꿈이 빛을 보게 될 것이다."

열정은 꿈을 키우고 간직하도록 만드는 연료와도 같다.

인격의 결점을 해결하라

어떻게 남의 성장을 도울까 고심하는 과정에서 인격 문제를 해결해야 한다. 제1장에서 언급했듯이 진실성은 다른 모든 덕목의 기초이다. 아무리 상대방을 성장시키려고 해도 기초가 튼튼하지 않으면 항상 문제가 발생한다.

상대방의 인격을 가늠할 때에는 평판만 보아서는 안 된다. 에이브러햄 링컨은 이 점을 잘 알고 있었다. "인격을 나무라고 하면 평판은 그 그림자이다. 그림자는 우리의 생각 속에 있는 것이고 나무는 실체이다."

시간을 투자해 상대방의 실체를 파악하라. 다양한 상황에서 그를 관찰하라. 여러 상황에서 그의 반응을 살피면 그의 인격적 결점을 파악할 수 있다.

마틴 루터 킹 목사는 "형편이 좋을 때가 아니라 어려운 순간에 사람의 진면목을 알 수 있다."고 말했다. 성장 도우미의 목표는 고난의 한복판에서도 흔들리지 않는 사람을 키워내는 것이다. 하지만 그러기 위해서는 작은 일부터 시작해야 한다. 작가이자 기업 총수인 조셉 슈거맨 Joseph Sugarman 은 이렇게 말했다. "우리가 정직하게 행동할 때마다 성공 요인이 우리를 커다란 성공으로 이끈다. 하지만 우리가 악의 없는 거짓말을 하더라도 강력한 요인이 우리를 실패로 내몬다."

상대방이 어떠한 순간에도 진실성을 버리지 않도록 만들라. 그러면 그는 성장하고 잠재력을 발휘할 것이다.

장점에 집중하라

상대방의 발전을 도울 때 종종 장점보다는 약점을 보는 경우가 있다. 누구나 상대방의 문제와 약점을 보기가 훨씬 쉽기 때문일 것이다. 그러나 약점을 고치는 데 정신을 쏟다보면 상대방의 사기를 저하시키고 자기도 모르게 그의 성장을 방해할 수 있다.

약점보다는 장점을 바라본 야구 선수 이야기를 살펴보자.

어느 날 오후 세인트루이스 소속인 스탠 뮤지얼 Stan Musial 이 시카고 투수 보보 뉴섬 Bobo Newsom 과 긴장감 넘치는 승부를 벌이고 있었다. 스탠은 1루타를 시작으로 3루타와 홈런을 연이어

쳐냈다. 스탠이 네 번째 타석에 오르자 시카고 감독 찰리 그림 Charlie Grimm은 보보를 마운드에서 내리고 신인 구원투수에게 운을 걸기로 결심했다. 그리하여 나이 어린 신인은 불펜에서 마운드에 올라 뉴섬에게서 볼을 받으며 물었다.

"선배님, 뮤지얼에게 약점이 있습니까?"

그러자 뉴섬이 대답했다.

"물론 있지. 뮤지엘은 2루타를 칠 수 없다네."

약점을 먼저 보지 말고 장점에 관심을 기울여라. 상대방이 이미 갖고 있는 기술을 다듬어라. 좋은 특성을 칭찬하라. 원래부터 가지고 있는 재능을 끌어내라. 인격 문제가 아닌 이상 약점은 천천히 고쳐도 된다. 먼저 강한 유대 관계를 통해 상대방이 성장하기 시작하고 자신감을 얻은 후에 약점을 하나씩 해결해도 늦지 않다.

한 번에 한 단계씩 성장시켜라

목회자인 로널드 오스본 Ronald Osborn은 "이미 터득한 것 말고 다른 것을 시도하지 않으면 절대 성장할 수 없다."고 말했다. 상대방의 성장을 원한다면 한 걸음씩 앞으로 나아가며 성취감을 맛보게 하라.

물론 사람마다 성장하는 모습은 다르지만 반드시 성장해야 할 영역이 있다. 특히 다음의 네 가지 영역이 그러하다.

1. 태도 무엇보다 태도야말로 성공과 삶을 즐길 수 있는지 없는지

여부를 결정한다. 또 태도는 자기 삶의 모든 측면에 영향을 미칠 뿐 아니라 타인에게까지 영향을 미친다.

2. 관계 세상은 사람들로 이루어져 있기 때문에 누구나 좋은 관계를 맺는 법을 배워야 한다. 다른 사람들과 관계를 맺고 대화를 나누는 능력은 결혼, 자녀 양육, 직업, 친구 관계 등에 영향을 미친다. 타인들과 잘 어울리는 사람은 어떤 일에서든 앞서갈 수 있다.

3. 리더십 리더십에 따라 모든 일의 성패가 좌우된다. 남과 협력하려는 사람은 리더십을 길러야 한다. 그렇지 않으면 혼자서 모든 일을 감당해야만 한다.

4. 인간적이고 전문적인 기술 이 영역을 마지막으로 다루는 것이 의외일지도 모르겠다. 이는 좋은 생각을 갖고 있지 않고 타인과 협력하는 기술이 결여되어 있다면 어떤 전문 기술도 별로 효과가 없기 때문이다. 누군가의 성장을 도울 때에는 내면부터 성장시켜라. 성장에 가장 중요한 요소는 외적인 기술이 아니라 내적인 기술이다.

자료를 제공하라

어떤 영역에서 타인의 성장을 돕든지 자료를 제공하라. 우리는 성장시킬 대상을 만날 때마다 책이나 테이프, 잡지 기사 등 용기를 주거나 교훈이 되는 자료를 주려고 노력했다. 그리고 누군가 우리로 인해 한 걸음 성장했다는 사실을 접하는 것만큼 큰 기쁨이 없었다. 그러한 기쁨 때문에 우리는 누군가의 성장에 도움이 되는 자료를 항상 찾아왔다. 도움이 될 만한 자료를 찾기 힘들다면 자신의 경험을 나누어줄 수도 있다.

다음부터 성장시키고자 하는 대상을 만나기 전에 적극적으로 자료를 찾아라. 예를 들어 그 대상의 관심 분야에 관한 잡지 기사를 오려내거나 자신이 감동 받은 책을 선물하라. 교훈과 용기를 주는 테이프를 준비해도 좋다. 그렇게 하면 상대방이 여러분과 만나는 시간을 손꼽아 기다릴 것이다. 그리고 무엇보다도 그가 꿈을 향해 조금씩 발전해 나가는 모습을 보게 될 것이다.

성장과 관련된 모임이나 행사에 참여시켜라

물론 행동해야 성장할 수 있다. 하지만 때로는 신선한 충격과 영감을 줄 수 있는 경험도 필요하다. 헬렌 켈러 전기를 집필한 한 작가는 "비상하려는 충동을 느끼는 사람은 기어다니기를 거부한다."고 말했다. 이런 의미에서, 성장과 관련된 모임이나 행사에 자주 참석하면 비상하고 싶은 충동을 느낄 수 있는 기회를 자주 가질 수 있다.

유명한 사람과의 세미나나 모임, 특별 행사는 사람에게 막대한 영향을 미친다. 이런 만남은 안전 지역에서 뛰쳐나와 한계를 뛰어넘고 새로운 수준의 삶에 과감히 도전하라고 촉구한다. 그러나 행사와 모임 자체가 사람을 성장시킬 수는 없다. 그저 과감한 결단을 내리고 삶의 방향을 바꾸라고 격려할 뿐이다. 실제 성장은 결단 이후의 행동을 통해서만 이루어진다.

스스로 성장하도록 가르쳐라

품질 경영의 선구자로 불리는 필립 크로스비 Philip Crosby 는 이렇게 말했다.

"사람은 무의식적으로 자신의 지적 성장을 방해한다는 인간 행위 이론이 있다. 그런 사람들은 진부한 생각과 습관에 얽매인다. 그리고 일단 개인적으로 안정감을 느끼는 나이에 이르면 배우기를 멈추고 남은 생애 동안 빈둥거린다. 물론 그들도 조직에서 승진하기 위해 야망과 열정을 가지고 밤낮없이 일한다. 하지만 더 이상 배우지는 않는다."

일단 상대방이 성장의 가치를 인식하고 성장하기 시작했다면 어려운 고비를 하나 넘긴 셈이다. 그러나 그것으로 끝은 아니다. 다음 단계는 스스로 계속 성장하게 만드는 일이다. 교사의 최종 목표는 교사 없이도 학생들이 스스로 성장하는 것이라고 한다. 타인을 성장시키려는 사람도 마찬가지이다. 누군가의 성장을 도울 때에는 결국 스스로 성장할 수 있게 만들어야 한다.

> 훌륭한 성장 도우미는 상대방의 잠재력을 올바로 파악하고 올바른 방향을 제시한다.

스스로 자료를 찾도록 가르쳐라. 스스로 안전 지역에서 나오도록 격려하라. 그리고 배움과 성장에 도움이 되는 다른 사람을 소개하라. 일단 상대방을 평생 학습자로 만들면 무엇보다도 귀한 선물을 주는 것이다.

"남을 부유하게 하지 않으면 자신도 부유해질 수 없다."는 말이 있다. 남의 성장을 도와 부유하게 만들면 남과 자신 모두에게 기쁨이 찾아온다. 그리고 무엇보다도 자신의 영향력을 높일 수 있다.

이 장의 시작 부분에서 페르난도가 짐과 낸시의 아들 에릭을 어떻게 도왔는지 이야기했다. 그러나 이야기는 거기서 끝이 아니다.

에릭은 전동 휠체어 축구 토너먼트에 참여한 후 크게 변했다. 자기 주장이 훨씬 강해졌고 열정을 가지고 목표를 추구하고 있다. 예를 들어 에릭은 이제 테니스까지 해보겠다는 결심을 했다. 그래서 페르난도는 에릭과 함께 준비를 해나가기 시작했다. 앞서 말했듯이 에릭은 이미 웨이트트레이닝을 시작했다. 하지만 거기서 멈추지 않고 테니스를 향해 눈을 돌린 것이다. 처음에 우리는 놀랄 수밖에 없었다.

발작 후 에릭은 오른손을 거의 쓸 수 없게 되어 거의 왼손에만 의존하고 있었다. 하지만 테니스를 치기 위해서는 오른손으로 라켓을 잡아야 했다. 페르난도의 해결책은 무엇이었을까? 페르난도는 나와 낸시가 마을을 떠났을 때를 기다렸다가 정상이 아닌 에릭의 오른손과 휠체어 조종 장치를 연결했다. 우리는 전혀 생각지 못했던 방법이었다.

에릭은 이제 오른손으로 휠체어를 운전하고 있다. 모든 준비를 마치자마자 에릭과 페르난도는 테니스를 치러 갈 예정이다. 이 외에도 에릭이 우리를 놀라게 한 일은 많다. 그 예로 현재 에릭은 우리 사무실에서 일하고 있고 밤에는 혼자서 침대에 누울 수도 있다. 하지만 에릭의 목표에 비하면 이는 아무것도 아니다. 에릭은 언젠가는 차를 운전할 생각이다.

페르난도의 멘토링과 지도는 놀라웠다. 우리는 에릭을 위해 최선을 다했지만 돌이켜보면 지나치게 감싸기만 했다. 페르난도의 멘토링은 우리를 성장시켰고 우리의 시야를 넓혀주었다. 그리고 물론 에릭이 놀랍게 성장하고 변화했다. 하지만 성장한 사람은 나와 낸시, 에릭만이 아니었다. 성장 도우미인 페르난도 역시 변화와 성장을 거듭하고 있다. 그는 항상 유능한 전문가였다. 그러나 지금은 전에 감추어져 있던 그의 부드럽고 다정한 측면까지 볼 수 있다. 게다가 최근 페르난도는 낸시에게 이렇게 말했다.

"진심으로 베풀면 제 삶에 기쁨이 넘친다는 사실을 깨달았어요."

19세기 미국의 철학자이자 시인인 랄프 왈도 에머슨의 말은 조금도 틀리지 않다.

"진심으로 남을 도우면 결국 자신에게도 도움이 된다. 이것은 이 생애에서 가장 아름다운 보상의 하나이다."

타인의 성장을 위해 자신을 내놓으면 타인 못지않게 자신에게도 큰 유익이 따른다.

| 영향력 점검표 |

성장을 도와라

☐ **누구의 성장을 도울 것인가?**
여러분이 성장시킬 후보 대상자를 세 명만 골라 기록하라. 단, 여러분과 인생철학이 비슷한 사람, 그 잠재력을 여러분이 믿을 수 있는 사람, 여러분이 긍정적인 영향을 미칠 수 있는 사람, 성장할 준비가 된 사람을 선택하라.

1.
2.
3.

☐ **성장 일정**
다음 양식을 이용해, 위에서 선택한 세 명을 성장시키기 위한 전략을 개발하라.

	사람1	사람2	사람3
이름			
잠재력			
열정			
인격 문제			
최대 장점			
다음 단계			
현재 필요한 자료			
성장과 관련된 다음 경험			

제7장

홀로 설 수 있을 때까지 함께 항해하라
Navigates for Other People

"해결하라. 빨리 해결하라. 맞든 틀리든 일단 해결하라.
잘못 해결하더라도 뺨 한 대 맞고 바로잡으면 된다.
물 속에 죽은 듯이 누워 아무것도 하지 않으면 전혀 위험하지 않고 편안하다.
하지만 그것은 사업 경영에 치명적인 방법이다."
— 토머스 왓슨

Navigates For Other People

　　　　타인의 성장과 잠재력 발휘를 도우면 전혀 새로운 수준의 삶으로 안내할 수 있다. 하지만 아무리 많이 배우고 성장해도 여전히 장애물은 있게 마련이다. 실수도 하고 개인적으로 또는 직업적 삶에서 크고 작은 문제에 봉착하게 된다. 심할 경우 누군가의 도움이 없이는 헤쳐 나갈 수 없는 상황에 빠질 수 있다.

　다음은 비행기 승객들과 협력해 곤란한 상황을 헤쳐 나간 나의 경험담이다.

　　세계 곳곳을 다니며 연설을 하다보면 때로 보기 드문 상황에 빠지기도 한다. 그 중에서도 어느 날 저녁 노스캐롤라이나 주 샬럿 공항에서 인디애나 주 인디애나폴리스 행 비행기를 기다리다가 겪었던 일이 기억난다. 나는 비행기 탑승 직전까지 전화를 걸고 있었다. 그리고 내가 타고 갈 비행기에 오를 수 있는 탑승구로 달려가다가 인조이 INJOY 사의 대표인 딕 피터슨 Dick Peterson을 만났다. 시간에 늦어 비행기 문이 닫히기 직전에 겨우 탑승할 수 있는 상황이었다. 하지만 이상하게도 대기실에는 약 50~60 명의 사람들이 인상을 찌푸린 채 서성대고 있었다. 나는 딕을 보고 말했다.

"어떻게 된 일입니까?"

"글쎄요. 당장 탑승하지는 못할 것 같습니다."

"무슨 문제가 있습니까?"

"저도 잘 모르겠어요."

정문에 있는 공항 관계자를 찾아가 사정을 물었더니 그는 이렇게 대답했다.

"승무원들이 아직 도착하지 않았어요. 그들이 올 때까지 아무도 탑승할 수 없습니다."

이렇게 말한 그는 방송 시스템을 통해 그 말을 똑같이 되풀이했고 대기실에 있던 모든 사람들은 실망을 금치 못했다.

나는 딕에게 말했다.

"잘 찾아보면 우리가 도움을 줄 수 있을 것도 같은데……"

우리는 가까운 간이 식당으로 가서 여자 점원에게 말했다.

"코카콜라 캔 육십 개만 주세요."

그녀는 잠시 나를 응시하더니 마침내 입을 떼었다.

"육십 개라구요?"

"저 옆 대기실에 승객들이 모여 있답니다. 모두 풀이 죽어 있거든요. 기분을 좀 풀어주어야겠어요."

"농담이시죠? 혼자서 그 많은 사람들에게 콜라를 사주시겠다구요?"

"그렇다니까요."

그녀는 잠시 말을 멈추었다가 이내 입을 열었다.

"제가 도와드릴까요?"

나와 점원, 딕은 음료를 들고 대기실로 갔다. 사람들은 여전히 기운이 없어 보였다. 나는 그들 앞으로 나아가 입을 열었다.

"제가 한 말씀 드려도 되겠습니까? 제 이름은 존 맥스웰입니다. 아무래도 탑승하려면 사오십 분은 기다려야 할 것 같습니다. 마실 것을 좀 가져왔는데 제가 사는 것이니 마음 놓고 드십시오."

우리는 콜라를 나누어주기 시작했다. 사람들은 분명 나를 이상한 사람으로 생각했을 것이다. 그러나 시간이 지나면서 사람들은 점점 마음을 열기 시작했다. 잠시 후 승무원들이 도착했고 우리는 비행기에 탑승할 수 있었다.

비행기에 탑승하자마자 주방에 쌓인 땅콩과 그라놀라 바 과자가 눈에 들어왔다. 그것을 본 나는 문득 이런 생각이 떠올랐다. '콜라와 함께 먹을 것이 있어야지.' 나는 승객들에게 과자를 나누어주었다. 모두 나눠주는 데는 채 5분도 걸리지 않았고 사람들은 콜라와 함께 과자를 먹을 수 있었다.

잠시 후 탑승한 승무원들은 미안한 기색이 역력했다. 그들은 즉시 방송 시스템으로 달려가 말했다.

"신사 숙녀 여러분, 지금 곧 출발하겠습니다. 그리고 최대한 빨리 음료 서비스를 시작하겠습니다."

그때 여기저기에서 웃음소리와 이야기소리가 들려왔다. 어리둥절한 한 승무원이 다른 동료에게 말했다.

"도대체 어떻게 된 거야?"

그래서 내가 나섰다.

"안녕하십니까? 저는 존입니다. 지금은 음료 서비스가 필요 없습니다. 제가 이미 모든 사람들에게 음료와 과자를 나누어주었습니다. 실례가 되지는 않았는지 모르겠습니다."

그러자 승무원들이 웃으며 말했다.

"괜찮습니다. 오히려 감사할 따름입니다."

비행기가 활주로로 이동하는 동안 내게 말할 기회가 주어졌다.

"여러분, 저는 존 맥스웰입니다. 우선 안전벨트를 매십시오. 잠시 후 비행기가 이륙하면 여러분에게 다시 서비스를 하겠습니다."

그 비행기에서 우리는 멋진 경험을 했다. 나는 사람들 앞에서 이야기를 하고 음료 서비스를 도왔다. 비행기가 착륙했을 때 나는 사람들 앞에서 다시 한 번 이야기하기를 청했다.

"여러분, 존입니다. 저는 오늘 이 비행기에서 매우 즐거운 시간을 가졌습니다. 여러분도 그렇지 않습니까?"

그러자 사람들이 손뼉을 치고 환성을 질렀다.

"비행기에서 내리면 수하물 찾는 장소로 갈 생각입니다. 거기서 무슨 문제라도 생기면 저를 찾아주십시오. 제가 즉시 도움을 드리겠습니다."

내가 수하물 찾는 장소에서 사람들을 돕고 있을 때 한 남자가 다가와 말했다.

"정말 훌륭한 일을 하시는군요. 저는 플로리다에서 왔는데 포도를 좀 가져왔습니다. 이 포도 좀 드십시오."

"정말 고맙습니다. 제 동생도 플로리다에서 살고 있습니다. 플로리다 윈터헤이븐 말입니다."

"아, 바로 제가 사는 곳입니다. 선생님 성함이 존 맥스웰이라고 하셨지요? 잠깐! 혹시 동생분 성함이 래리 아닙니까? 동생분의 아내는 애니타구요."

"맞습니다."

"이럴 수가, 동생분을 알아요! 애니타가 저와 함께 일하거든요. 지금 그들에게 전화를 하려던 중이었어요. 정말 믿기지가 않습니다."

그는 부리나케 공중전화 박스로 달려가 래리에게 전화를 걸었다. "지금까지 수년 동안 여행을 다니면서 이런 일은 처음이야."

지치고 짜증나는 사람들로 가득 찬 비행기 분위기가 어떻게 평생 잊지 못할 추억거리로 바뀔 수 있었을까? 바로 다른 사람들을 배려하고 불쾌한 상황을 반전시키려는 한 사람의 노력 덕분이었다. 우리는 이러한 노력을 '항해' navigating 라고 부르고자 한다.

대부분의 사람들은 삶의 고난을 헤쳐 나가기 위해 도움을 필요로 한다. 탑승했던 비행기의 승객들은 불편함을 겪고 있었다. 그러나 좋은 태도를 가진 한 사람 덕분에 불편함을 잊고 즐길 수 있었다. 많

> 리더는 남보다 더 많이, 더 멀리 그리고 먼저 보는 사람이다.
> ―리로이 아임스

은 사람들에게 이러한 도움은 꼭 필요하다. 특히 인생의 복잡한 문제에 부딪혀 어찌할 바를 모를 때는 더욱 그러하다.

칼럼니스트 앤 랜더스 Ann Landers 는 남의 어려움을 그냥 지나치지 않는 사람으로 유명하다. 랜더스는 사람들이 보낸 편지로부터 다음과 같은 사실을 깨달았다.

"나는 많은 사실을 깨달았다. 그 중에서도 '우리 모두는 내면 깊은 곳에서 약간의 고독감을 느끼고 이해해 달라고 외치고 있다.' 는 레오 로스튼 Leo Rosten 의 말이 가장 기억에 남는다. 나는 이 세상의 많은 사람들이 말을 걸어주지 않아 좌절과 고통을 겪고 있다는 사실을 알았다. 많은 사람들이 내 칼럼을 읽었다는 사실은 우리 사회의 커다란 비극을 대변해주고 있다. 또한 고립과 불안감 그리고 많은 사람들을 무기력하게 하고 마비시키는 두려움을 드러내는 증거이기도 하다. 적어도 내 눈에는 그렇게 보인다. 경제적 번영, 학문의 발전, 사회나 정치의 안정도 마음의 평화와 내면의 안정감으로 이어질 수는 없다. 이 행성에서 우리는 모두 떠도는 양 같은 방랑자들이다.[1]

많은 사람들은 누군가의 도움을 기다리고 있다. 특히 과감히 새로운 삶을 추구하는 사람일수록 더욱 그렇다. 그들은 자신을 안내하고 지도할 사람을 필요로 한다. 미국의 의류전문업체인 바나나 리퍼블릭 Banana Republic 의 설립자 멜 지글러 Mel Ziegler 는 리더십을 이렇게 요약했다.

"리더는 현재와 바람직한 미래 사이에 감추어진 틈을 발견하고 임시로 다리를 만들어 그 틈을 건넌다. 그리고 기술자들이 튼튼한 다리를 만들기 전까지, 위험천만한 틈을 과감히 건너려는 사람을 건너편에서 지도한다."[2]

지글러의 말에도 일리는 있다. 그러나 사람들에게 필요한 리더십은 하나의 틈만을 건너게 만드는 임시방편이 아니다. 누군가가 삶의 목표를 설정하고 혼자 힘으로 나아갈 수 있을 때까지 계속 돕는 리더십이 필요하다. 그런 의미에서 삶은 임시방편으로 건널 수 있는 틈이 아니라 목적지까지 항해해야 하는 바다와 같다.

여러분은 누군가가 자신의 항로를 찾고 빙산을 발견하면서 험난한 바다를 헤쳐 나갈 수 있도록 도와야 한다. 그와 함께 여행을 해야 한다. 최소한 그가 올바른 코스를 찾고 스스로 항해할 수 있을 때까지.

선장은 목적지를 분명히 보여준다

훌륭한 선장은 목적지 확인에 도움을 준다. 영적 지도자 리로이 아임스는 《당신도 영적 지도자가 될 수 있다》Be the Leader You Were Meant to Be에서 이렇게 말했다.

"리더는 남보다 더 많이, 더 멀리 그리고 먼저 보는 사람이다."

앞장에서 우리는 미래에 대한 비전을 제시해 타인의 성장을 돕는 일이 중요하다고 말했다. 그 다음 단계는 목적지를 더욱 구체적으로 보여주는 일이다.

많은 사람들은 스스로 비전을 이해하지 못해 낙심하고 좌절한다. 그래서 이런 말이 있다. "꿈을 포기하는 것은 우리 자신을 포기하는 것이다. 왜냐하면 우리는 바로 꿈이 이루어지는 곳이기 때문이다. 우리를 향한 하나님의 꿈은 우리가 잠재력을 실현하는 것이다."

여러분은 누군가가 꿈을 발견하고 그 꿈을 향해 나아가도록 도와야 한다. 올바른 목적지로 향할 때만이 진정한 전진이라 할 수 있기 때문이다.

우선 멘토링을 할 대상의 꿈을 어느 정도 파악했다고 해서 멈추어서는 안 된다. 도착지가 어딘지 알아야 한다. 그가 분투하는 목적지를 찾는 데 도움을 주기 위해서는 그에게 정말 중요한 것이 무엇인지, 무슨 생각을 갖고 있는지 알아야 한다. 즉 다음과 같은 것들을 알아내라.

그가 무엇을 열망하는가?

그가 진정으로 원하는 목적지를 알려면 그의 마음을 움직이는 요인이 무엇인지 알아야 한다. 물론 열정과 동정심도 중요한 요인이다. 그러나 역사 속의 위대한 인물들이 위대한 이유는 그들이 이미 얻은 것 때문이 아니라 앞으로 얻기 위해 삶을 바치는 대상 때문이라고들 한다. 마음의 귀로 들어라. 그러면 그가 삶을 바쳐 얻고자 하는 대상을 알 수 있다.

그가 무엇을 노래하는가?

프랭크 어빙 플레처Frank Irving Fletcher는 "마음이 짐보다 무겁다면 어떤 사람도 그 물건을 전해줄 수 없다."고 말했다. 즉 사람의 마음을 감동시키는 것과 마음을 짓누르는 것 사이에는 엄청난 차이가 존재한다. 장기적인 관점에서 볼 때 사람은 기쁨을 주는 것에 많은 열정을 쏟아야 한다. 멘토링 대상 속의 열정을 찾으면 그가 원하는 목적지에 대한 단서를 얻을 수 있다.

그가 무엇을 꿈꾸는가?

세계적인 성공학 연구자인 나폴레옹 힐Napoleon Hill은 이렇게 말했다. "비전과 꿈을 영혼의 자식처럼 소중히 여겨라. 그것들은 바로 궁극적인 성공의 청사진이다."

진정한 꿈을 발견하면 목적지가 드러난다. 누군가가 꿈을 발견하고 목적지를 알 수 있도록 도움을 주어라.

선장은 항로를 계획한다

분별력을 갖고 타인의 열정과 잠재력, 비전을 심도 있게 관찰하면 그가 정말로 원하는 곳이 어딘지 알 수 있다. 종종 사람들은 자신의 목표가 행복이나 성공이라고 말한다. 그러나 그처럼 애매모호한 것을 목적지로 삼은 사람은 결국 낙심하고 만다. 존 콘드라이John

Condry는 "행복, 부귀, 성공은 목표 설정의 부산물이지 목표 그 자체는 될 수 없다."고 지적했다.

일단 비전을 찾았으면 그 실현 방법을 모색해야 한다. 선장은 그 부분에도 도움을 주어야 한다. 한마디로 항로를 계획하고 목표를 설정하는 것이다. 마이어스 J. Meyers는 "연필 한 자루와 꿈만 있으면 어디든 갈 수 있다."고 말했다. 그는 글쓰기에서 계획과 목표 설정이 얼마나 중요한지 알고 있었음이 분명하다. 물론 계획대로 항상 이루어지는 것은 아니지만 그럼에도 계획을 갖고 시작해야 한다. 구체적으로 목표를 설정하고 분명한 계획을 세워라.

상대의 항로 계획에 도움을 주려면 다음과 같은 영역을 유심히 살펴야 한다.

목적지

목표를 향해 나아갈 때 올바른 항로에서 이탈하는 경우가 너무나도 많다. 《성공이 실패보다 쉽다》 Success Is Easier Than Failure의 저자 에드거 호 E. W Howe는 이렇게 말했다.

"어떤 사람들은 상상 속에 알프스 산을 만들어 놓고 평생 동안 그 주위를 빙빙 돈다. 그들은 실제로 존재하지도 않는 역경을 저주하다가 죽어서 양지바른 언덕에 묻힌다."

성공을 경험해보지 못한 사람은 현재의 위치에서 원하는 목적지로 어떻게 가야 할지 알지 못한다. 그래서 쉬운 길을 발견하지 못하고 미궁 속에서 헤매기 일쑤다. 선장은 바로 그런 사람들을 최상의 항로로 안내해야 한다.

올바른 지식

재미있는 일화를 하나 들어보자. 어떤 남편이 아무래도 아내의 청각에 문제가 있는 것 같아 아내를 돕고 싶었다. 어느 날 밤 그는 아내의 등 뒤에서 약간 떨어진 곳에 서서 부드럽게 물었다. "내 말이 들리오?" 아무런 대답이 없었다. 그래서 더 가까이 다가가 다시 물었다. "지금 내 말이 들리오?" 여전히 대답이 없어 좀 더 가까이 다가갔다. "내 말이 들리오?" 이번에도 대답이 없었다. 그래서 결국 그는 아내의 바로 등 뒤에서 다시 물었다. 그러자 아내가 고개를 돌리며 대답했다. "예, 네 번 만에 들렸어요!"

세상엔 이 남편과 같은 사람이 정말 많다. 남을 도우려고 하지만 오해를 하거나 지식이 부족해 제대로 돕지 못하는 사람들 말이다. 반면, 훌륭한 선장은 상대방의 부족한 점을 찾아 부드러운 목소리로 일러주며 그것을 극복하도록 돕는다.

성장을 독려하는 법

여러분이 누군가의 항해를 돕기로 했다면 단 하루 만에 목적지에 도착할 수는 없다는 사실을 명심해야 한다. 목표를 위해 한 걸음씩 나아가야 하는 것이다. 기업 총수이자 심리학 박사인 알프레드 매로우Alfred J. Marrow 의 실험은 이러한 사실을 잘 보여준다. 그는 잠재력만 최대로 이끌어준다면 미숙한 신입 직원이 노련한 직원의 수준에

> 연필 한 자루와 꿈만 있으면 어디든 갈 수 있다.
> —마이어스

금세 도달할 수 있다고 믿었다.

이를 증명하고자 매로우는 신입 직원을 두 그룹으로 나누었다. 그리고 첫 번째 그룹에 대해서는 12주가 지난 후에 노련한 직원의 생산 목표량을 부과하기로 했다. 반면, 두 번째 그룹에 대해서는 목표량을 매주 조금씩 올렸다.

노련한 직원의 생산 수준에 단번에 도달해야 하는 첫 번째 그룹에서는 66퍼센트만 매로우의 기대에 부응했다. 그러나 매주 목표량을 조금씩 올린 두 번째 그룹은 대부분이 노련한 직원의 생산 수준에 빨리 도달할 수 있었다.[3]

누군가를 도울 때에는 장기적인 목표와 함께 단기적인 목표를 제시해야 한다. 금세 성취할 수 있는 목표가 주어질 때 자신감이 생기고 빨리 성장할 수 있기 때문이다.

선장은 한 발 앞서 생각한다

도움을 줄 수 있는 사람이 옆에 서서 구경만 하는 상태로 실패하는 것만큼 슬픈 일도 없다. 선장이 다른 사람보다 앞서 생각해야 하는 이유가 바로 이 때문이다. 리더와 멘토는 남보다 많은 경험과 통찰력을 가지고 있다. 그래서 더 멀리 바라보고 미리 준비할 수 있다. 그런 능력을 활용하지 않으면 타인을 제대로 도울 수 없으며 리더로서의 본분을 망각하는 것이다.

미국의 재담가 아놀드 글래소우 Arnold Glasow 는 그러한 능력의 중요성을 이렇게 표현했다.

"리더의 자질 중 하나는 일이 심각해지기 전에 문제를 발견하는 능력이다."

경험이 부족하고 도움이 필요한 사람에게는 그런 능력이 없다.

선장으로서 여러분은 상대방에게 다음의 네 가지 사실을 이해시켜야 한다.

1. 누구나 문제를 안고 있다

누군가 이런 농담을 했다. "주위 사람들이 길을 잃었는데도 혼자서 침착한 사람이 있다면 사실 그는 침착한 것이 아니라 상황을 파악하지 못한 것이다."

열심히 노력하면 언젠가 모든 문제가 사라질 것으로 기대하는 사람이 많다. 멘토로서 타인의 성장을 도와본 사람이라면 이 점을 느꼈을 것이다. 하지만 문제가 전혀 없는 사람은 어디에도 없다. 아무리 큰 성공을 거둔 사람이라도 나름대로 문제를 안고 있다.

작가이자 미술 애호가인 앨버트 허바드 Elbert Hubbard 는 "더 이상 해결할 문제가 없는 사람은 경기에서 빠진 사람이다."고 말하지 않았던가.

바나 리서치 그룹 Barna Research Group 은 1,200명 이상을 대상으로 그들의 가장 심각한 문제를 조사한 적이 있었다. 그 비율은 다음과 같았다.

39퍼센트 재정,
16퍼센트 직장 관련,
12퍼센트 건강,
8퍼센트 시간과 스트레스,
7퍼센트 자녀 교육,
6퍼센트 학벌,
3퍼센트 범죄에 대한 공포,
3퍼센트 대인관계.[4]

보다시피 사람들은 다양한 문제를 안고 있는데 그 중에서 돈 문제가 가장 심각하다. 남에게 도움을 주되 먼저 자신의 문제를 해결하라.

2. 성공한 사람이 더 많은 문제를 안고 있다

많은 사람들의 생각과 달리 성공한 사람은 아무런 문제가 없어 성공한 것이 아니다. 팀 한셀 Tim Hansel 의 《성스러운 땀》Holy Sweat 에는 다음의 이야기가 실려 있다.

"1962년 빅터 Victor 와 밀드리드 괴르첼 Mildred Goertzel 은 뛰어난 재능을 가진 유명인사 413명에 대한 연구 보고서를 발표했다. 이 두 사람은 이 유명인사들이 성공할 수 있었던 요인 또는 이들의 삶에서 볼 수 있는 공통점을 찾고자 수년간 노력해왔다. 그 결과 이들 중 392명이 지금의 자리에 있기까지 매우 커다란 고난을 극복해야 했다는 놀라운 사실을 발견했다. 한마디로 이들의 고난은 장애물이 아니라 기회였다."[5]

장애물을 극복하면 성공할 수 있다. 하지만 성공한 후에는 또 다른 장애물이 기다리고 있다. 꽉 짜인 일정과 돈 문제, 남들의 기대감으로 인해 더욱 시달리게 된다. 그렇다고 겁먹을 필요는 없다. 성장과 발전을 거듭할수록 문제를 다루는 능력도 향상되기 때문이다.

3. 돈으로는 문제를 해결할 수 없다

돈으로 모든 문제를 해결할 수 있다는 믿음은 우리가 흔히 볼 수 있는 잘못된 통념이다. 사실은 정반대이다. 돈을 가지면 가질수록 욕심이 커지고 또 다른 문제가 발생한다. 그 예로 어니 젤린스키Ernie Zelinski의 최근 조사 내용을 살펴보자. 그의 조사에 따르면 연간 75,000달러 이상을 벌어들이는 사람들이 그 이하로 버는 사람보다 만족도가 더 떨어지는 것으로 나타났다. 게다가 다음과 같은 문제도 있었다.

"알코올 및 마약 중독자 중에는 서민보다 부자가 많다. 돈과 행복의 관계는 이렇다. 연간 소득이 25,000달러일 때 행복하면 더 많은 돈을 벌어도 여전히 행복하다. 반면 연간 소득이 25,000달러일 때 행복하지 못하면 더 많은 돈을 벌어도 여전히 불행할 수밖에 없다. 만족하지 않는 한 여전히 불행한 것이다."[6]

요점은 돈보다는 문제 해결 능력이 우선이라는 점이다. 선장으로서 여러분은 상대방에게 이 점을 인식시켜야 한다. 사실 돈 문제는 다른 개인적인 문제에서 오는 경우가 많다.

4. 문제는 성장할 수 있는 기회이다

남보다 앞서 생각하고 도움을 주려면 문제거리는 고통을 수반하지만 성장할 수 있는 좋은 기회도 된다는 점을 인식해야 한다. 작가 너나 오닐 Nena O' Neill 이 "모든 위기에는 다시 태어날 기회가 있다."고 말했던 것처럼.

앨라배마 주 엔터프라이즈의 주민들은 이 점을 잘 알고 있다. 그 마을에는 멕시코 면화씨바구미 boll weevil 의 기념비가 세워져 있다. 그 기념비에 관한 이야기는 1895년으로 거슬러 올라간다.

당시 면화씨바구미 떼가 미국의 주요 작물인 면화 밭을 초토화시켰다. 그런 재난을 겪은 마을 농부들은 다른 활로를 모색했고, 결국 1919년 땅콩 재배로 많은 소득을 거둘 수 있었다. 과거 면화로 가장 많은 소득을 올렸을 때보다도 훨씬 많은 소득이었다. 그 기념비에는 다음과 같은 문구가 새겨져 있다.

"위기와 고통의 시기를 새로운 성장과 성공의 기회로 바꾼 번영의 전령인 면화씨바구미에게 깊이 감사하며…… 역경에서 복이 찾아오리라."

인생의 고난은 각 사람에게 다른 모습으로 찾아온다. 역사학자 아놀드 토인비 Arnold Toynbee 는 모든 사람이 어려운 상황에서 다음 네

가지 중 한 모습으로 반응한다고 말했다.

1. 과거로 되돌아간다.
2. 미래에 대한 공상에 빠진다.
3. 몸을 움츠리고 누군가 구해주기를 기다린다.
4. 위기에 맞서고 그것을 유용한 것으로 바꾼다.

누군가를 도울 때에는 도중에 폭풍우가 닥쳐올 수 있으므로 미리 최선을 다해 준비해야 한다는 사실을 주지시켜라. 그리고 실제로 폭풍우가 닥쳐오면 맞서 싸우고 한층 더 발전할 수 있도록 격려하라.

선장은 항로를 바로잡는다

첨단 자동항법장치가 없던 시절 선장은 밤하늘의 별을 보고 항로를 벗어나면 바로잡았다. 아무리 올바른 항로를 계획하고 키잡이가 조심을 해도 배는 자주 항로를 벗어나게 마련이다. 그때마다 조정이 필요하다.

사람도 마찬가지이다. 아무리 방향을 잘 알고 빈틈없이 계획을 세워도 자칫하면 항로에서 벗어날 수 있다. 그때 항로를 바로잡지 못하면 큰 문제가 발생한다. 대표적인 문제 중 두 가지는 항로를 벗어났다는 사실을 아예 모르거나 잘못된 항로를 어떻게 바로잡아야 할지 모르는 것이다. 하지만 처음부터 항로를 바로잡을 수 있는 사람은 그리 많지 않다. 대부분은 그 기술을 배워야 한다.

미국의 아이젠하워 대통령 집권 당시의 국무 장관 존 포스터 덜레스 John Foster Dulles 는 이런 말을 했다.

"현재의 문제는 진짜 문제가 아니다. 작년에 발생한 문제를 아직도 갖고 있는 경우가 정말 큰 문제이다."

선장으로서 여러분은 잘못된 항로를 바로잡아야 한다.

불필요한 비난에 귀 기울이지 않게 하라

스티븐 코비 Stephen Covey 의 《원칙 중심의 리더십》 Principle-Centered Leadership 에는 연회에 초대받은 콜럼버스의 이야기가 등장한다. 콜럼버스가 연회에서 상석에 앉자 한 알랑쇠가 질투가 나서 물었다.

"이 스페인에 당신 아니면 인도 제국을 발견할 사람이 없는 줄 아시오?"

콜럼버스는 대답 대신 달걀을 하나 가져와 사람들에게 세워보라고 했다. 모든 사람들이 시도해 보았지만 아무도 성공하는 사람이 없었다. 그때 콜럼버스는 달걀 한쪽을 탁자에 쳐서 깨뜨린 다음 계란을 반듯하게 세웠다.

"그렇게 하면 못할 사람이 어디 있소?"

그 알랑쇠가 비웃자 콜럼버스는 이렇게 대답했다.

"방법을 알았을 때 얘기지요. 제가 신세계로 가는 길을 알려준 다음에야 누군들 못 가겠습니까?"

해결책을 찾기보다는 남을 비판하기가 백배는 쉽다. 하지만 그런 비판은 아무런 도움이 되지 않는다.

알프레드 아르망 몽타페르 Alfred Armond Montapert 는 이에 관해 다음과 같이 정리했다. "장애물을 보는 사람은 많지만 목표를 보는 사람은 적다. 역사는 후자의 공로를 후세에 남기지만 전자에게 돌아가는 보상은 세인의 망각이다."

비판에 얽매이지 말고 미래를 보도록 지도하라. 비판의 목소리를 흘려버리는 것이 문제를 해결하고 앞으로 나아갈 수 있는 최선의 방법임을 가르쳐라.

하루 만에 여행을 마칠 수는 없다는 사실을 명심하라.

도전에 무릎을 꿇지 않게 하라

한 메이저리그 신인 야구 선수가 한창 전성기의 투수 월터 존슨 Walter Johnson 을 맞아 타석에 섰다. 그는 두 번 연속 스트라이크를 당하고는 곧장 덕아웃으로 향하며 심판에게 이렇게 말했다.

"결국 스트라이크 아웃일 거예요."

이처럼 사람들은 어려운 문제를 만나면 쉽게 포기하기 십상이다. 따라서 선장은 항해를 하다가 문제가 발생하면 그 문제의 해결을 도와야 한다. 특히 멘토링 초기에는 더욱 그렇다. 긍정적인 태도를 잃지 않도록 격려하고 문제 해결 방법을 제시하라.

경영 전문가 켄 블랜차드 Ken Blanchard 는 다음과 같은 문제 해결의 4단계를 제시하고 있다.

1. 문제에 관해 생각하고 그 문제를 명확히 밝혀라.
2. 문제 해결을 위해 다양한 방법을 구상하라.
3. 각 방법을 적용했을 때의 결과를 예측하라.
4. 가장 적합한 방법을 선택하라.

또 블랜차드는 이렇게 덧붙인다. "휴가와 배우자, 정당과 후보자, 명분과 신조 중 무엇을 선택해야 할지 고민이 되는가? 생각하라! 그러면 해결책이 보일 것이다."

이 세상에 해결하지 못할 문제란 없다. 시간과 생각, 긍정적인 태도만 있으면 어떤 문제라도 해결할 수 있다.

단순한 해결책을 찾게 하라

가장 효과적인 문제 해결책에는 두 가지 조건이 있다. 하나는 단순한 해결책이 가장 현명한 해결책보다 낫다는 점이다. 그 예로 토머스 에디슨의 삶을 살펴보자.

에디슨의 고용 방식은 여느 사람과 크게 달랐다고 한다. 그는 지원자에게 전구를 주고 이렇게 물었다.

"여기에 물이 얼마나 들어갈 수 있겠나?"

그러면 지원자들의 방법은 크게 두 가지로 나누어졌다. 첫 번째 방법은 전구의 모든 각을 측정한 다음 표면적을 계산하는 것이었다. 이 방법은 20분 가까이 소요된다. 두 번째 방법은 전구에 물을 채운 다음 그 물을 비커에 담는 것으로 1분밖에 걸리지 않는다.[7] 에디슨은 첫 번째 방법을 사용한 지원자를 절대 고용하지 않았다. 과학적 지식을 과시하는 사람보다 쉬운 방법으로 해결하는 사람을 원했던 것이다.

효과적인 문제 해결책의 두 번째 조건은 결단력이다. IBM사의 창업자의 아들이었던 토머스 왓슨 Thomas Watson, Jr. 은 빠른 해결책을 최고로 여겼다. "해결하라. 빨리 해결하라. 맞든 틀리든 일단 해결하라. 잘못 해결하더라도 뺨 한 대 맞고 바로잡으면 된다. 물 속에 죽은 듯이 누워 아무것도 하지 않으면 전혀 위험하지 않고 편안하다. 하지만 그것은 사업 경영에 치명적인 방법이다."

그런 방법은 사업뿐 아니라 인생에도 치명적이다. 항로를 바로잡고 단순하고도 효과적인 방법을 찾으며 그 방법을 지체 없이 적용하게 하라. 잠시라도 항로에서 벗어나지 않게 하라.

자신감을 불어넣어라

문제를 안고 있는 사람은 대개 자신감이 결여되어 있다. 그런 사람에게는 끊임없는 격려가 필요하다. 조지 매튜 애덤스 George Matthew Adams 는 이렇게 말했다.

"인생을 살아갈 때에는 돈, 집, 사회적 지위, 타인의 시선 따위보다도 어떤 생각을 갖고 있는지가 가장 중요하다."

따라서 상대방의 문제보다는 그의 생각과 자세부터 바로잡아야 한다. 자신감이 있으면 어떤 문제라도 극복할 수 있기 때문이다.

선장은 선원과 동반 항해한다

　마지막으로 훌륭한 선장은 선원과 함께 여행을 떠난다. 지도책만 주고 사라지는 것이 아니다. 그는 선원의 친구가 되어 함께 항해한다. 작가이자 연설가인 리처드 엑슬리Richard Exley 는 우정에 관해 이렇게 설명했다.

　"당신이 마음속 깊은 곳의 감정을 드러낼 때 그것을 듣고 이해해주는 친구가 진정한 친구이다. 그는 당신이 싸울 때 돕고 당신의 실수를 사랑으로 바로잡아주며 당신의 실패를 눈감아준다. 또 당신의 개인적인 성장을 재촉하며 당신이 잠재력을 최대한 발휘할 수 있도록 힘을 준다. 그리고 무엇보다도 당신의 성공을 자기 것인 양 기뻐한다."

　멘토링 대상과 함께 나아갈 때 힘든 시간이 닥쳐올 수 있다. 둘 다 완벽하지 않기 때문이다. 그러나 그럴 때마다 헨리 포드Henry Ford의 다음 말을 상기하라.

　"당신의 가장 좋은 친구는 당신의 잠재력을 최대로 끌어내는 사람이다."

　그러한 목표를 가지고 최선을 다한다면 많은 사람을 도울 수 있다.

　스스로 효과적인 문제 해결책을 찾고 항해할 수 있을 때 그 삶은 극적으로 변하기 시작한다. 인생의 어려운 상황에서 더 이상 무기력하게 주저앉지 않는다. 고난을 인내하고 심지어 어느 정도 피할 수도 있게 된다. 그렇게 문제 해결에 익숙해지고 나면 어떤 도전에도 물러서지 않게 된다.

짐 도넌은 사고와 문제 해결에 뛰어난 능력을 갖고 있다. 그리고 실제로 어려운 상황을 수차례 극복해왔다. 다음은 최근 짐에게서 들은 이야기이다.

2년 전 나와 낸시는 카리브해의 거대한 순양함 갑판 위에서 사업 세미나를 주최하다 말고, 중요한 비즈니스 모임 약속이 생겨 급히 미시간 주로 가야 했다. 푸에르토리코 산후안 공항에 자가용 비행기가 준비되어 있었기 때문에 그 모임에 가는 데에는 아무런 문제가 없었다. 그런데 미시간 주에서 돌아올 때 뜻밖의 문제가 생겼다.

우리의 계획은 다음날 같은 비행기로 미시간 주 근처의 항구에 도착해 배를 타는 것이었다. 그 배를 타야 마이애미로 돌아가 세미나를 마칠 수 있었다. 그러나 미시간 주에서 막 출발하려고 할 때 그만 비행기가 고장이 나고 말았다. 설상가상으로 목적지까지 갈 민간 항공편도 없었다. 게다가 플로리다에서 2,000킬로미터 이상 떨어진 세인트 마틴 섬까지 우리를 데리러 올 수 있는 자가용 비행기도 없었다.

하지만 우리로서는 그 세미나를 절대 포기할 수 없었다. 어떻게든 다른 방법을 찾아야 했다. 그 상황에서 최선의 방법은 자가용 비행기를 구해 애틀랜타까지 가서 다른 비행기를 구하는 것이었다.

애틀랜타에 도착해서 우리는 가까스로 다른 비행기를 물색할 수 있었다. 마치 그 비행기는 우리를 기다리기라도 한 것 같았다. 우리는 부랴부랴 짐을 챙겨 그 비행기에 옮겨 탔다. 마음은 벌써 배 안으로 가 안도의 한숨을 쉬고 있었다.

그런데 비행기가 출발한 지 얼마 안 되어 우리가 세인트 마틴 섬에 도착하기 정확히 15분 전에 배가 떠나기로 되어 있다는 사실을 알게 되었다.

"배의 출항을 늦출 수밖에 없군요."

내가 이렇게 말하자 조종사는 무전을 통해 애쓴 끝에 배의 선장과 연락할 수 있었다. 그리고 20분을 늦추기로 합의했다. 비행기가 착륙하자 조종사는 서둘러 세관 신고를 처리했고 우리는 다시 희망을 갖게 되었다.

우리는 눈에 띄는 첫 번째 택시를 잡고 항구를 향해 출발했다. 하지만 공항에서 벗어나자마자 차가 밀려 꼼짝도 못하는 신세가 되었다. 안달이 난 낸시가 택시 기사에게 물었다.

"항구까지는 얼마나 멀어요?"

"이 섬의 반대편 끝에 있어요."

"그럼 얼마나 걸리지요?"

"15분, 어쩌면 20분 정도요."

"꼭 10분 내에 도착해야 해요."

나는 이렇게 말하면서 팁을 후하게 주었다.

팁을 받은 기사는 인도를 넘어 재빨리 샛길 쪽으로 향했다. 신호를 지나 샛길을 누비더니 어두컴컴한 건물 골목으로 들어섰다. 모르긴 해도 그 섬에 있는 모든 건물 사이를 지난 듯했다. 머지않아 결국 두 건물 사이의 좁은 틈으로 한 줄기 빛이 보이더니 이내 항구가 눈에 들어왔다. 한 척의 배가 막 출발하려는 듯 뱃고동 소리를 내고 있었다.

우리는 항구 끝에서 멈추라고 소리를 지르면서 택시에서 내렸다. 바로 그때 환호성이 들리기 시작했다. 나중에 들어보니 우리가 배를 타기 위해 고군분투하고 있다는 사실이 승객들의 귀에 들어간 것이었다. 고개를 들어보니 500명 이상의 승객이 갑판 위에서 고함을 지르고 박수를 치며 우리의 도착을 환영하고 있었다.

어리둥절한 택시 기사가 물었다.

"도대체 당신들은 누구입니까?"

나는 그저 돈을 건네주면서 "도와주셔서 감사합니다."라고 말했다. 그런 다음 나와 낸시는 배를 향해 달려갔다. 정말 쉽지 않았지만 우리는 결국 해냈다.

누구나 문제를 해결하고 장애물을 극복할 수 있지만 여기에는 연습이 필요하다. 20년 전에 위와 같은 상황에 부딪혔다면 짐과 낸시는 배를 타지 못했을 것이다. 그러나 그들은 자신의 삶뿐 아니라 타인의 삶에 도사리고 있는 문제들을 해결하기 위해 오랫동안 노력해왔다.

여러분도 그와 같은 능력의 소유자가 될 수 있다. 누군가의 삶을 이끄는 선장이 되라. 그러면 여러분의 영향력이 그의 삶을 한층 더 발전시킬 것이다. 더 나아가, 가장 힘든 순간에 도와주면 그를 평생의 친구로 만들 수 있다.

| 영향력 점검표 |

타인을 도와 항해하는 법

☐ **목적지를 확인하라**

여러분이 성장시키기로 결심한 대상 세 명에 관해 생각해 보라. 그들의 목적지는 어디인가? 그들을 열망하고 노래하고 꿈꾸게 만드는 요인을 찾아 적어보라.

사람 1
열망하게 하는 요인 _____
노래하게 하는 요인 _____
꿈꾸게 만드는 요인 _____

사람 2
열망하게 하는 요인 _____
노래하게 하는 요인 _____
꿈꾸게 만드는 요인 _____

사람 3
열망하게 하는 요인 _____
노래하게 하는 요인 _____
꿈꾸게 만드는 요인 _____

☐ **예측하라**

그들에 대한 여러분의 경험과 지식을 바탕으로 미래에 그들에게 닥칠 어려움을 예상하여 적어보라.

1. _____
2. _____
3. _____

☐ **미리 계획하라**

그러한 미래의 문제를 해결하는 데 여러분은 어떤 도움을 줄 수 있는가? 언제 어떻게 도울 것인지 적어보라.

1. _____
2. _____
3. _____

제 **8** 장

특별한 관계를 맺어라
Connects with People

"나는 당신이 할 수 없는 일을 할 수 있고,
당신은 내가 할 수 없는 일을 할 수 있다.
따라서 우리는 함께 큰일을 할 수 있다."

– 마더 테레사

Connects with People

누구나 먼 친척까지 모이는 가족 모임이나 동창회에 가본 경험이 있을 것이다. 그런 모임에 가면 오랫동안 보지 못했던 사람을 볼 수 있어 좋다. 최근 나도 그런 모임에 참석해 즐거운 시간을 보냈다. 기억에 오랫동안 남은 한 모임의 이야기다.

1969년 대학 졸업 후 내 첫 번째 직장은 인디애나 주 힐햄에 있는 작은 교회였다. 그곳에서 나는 3년간 담임목사로 시무했다. 나와 마가렛이 있던 짧은 기간 동안 그 교회는 크게 부흥했고 1971년에는 건물을 더 크게 지어야 할 정도로 성장했다. 그 3년 기간을 돌아보면 우리 인생에 꽤 중요한 시기였던 것 같다. 그때 우리는 정말 즐거웠고 또 많은 것을 배웠다.

최근 그 교회 관계자로부터 전화가 걸려왔다. 그는 흥분된 목소리로 성전 증축 25주년 기념 행사를 준비하는 중이라는 말을 전했다. 축하 예배를 드리기 위해 멀리 떨어진 곳에서 많은 사람들이 참석할 예정이라는 것이었다. 거기까지 말한 그 관계자는 잠시 말을 멈추고 헛기침을 했다. 그리고는 이내 입술을 떼었다.
"맥스웰 목사님, 그 주일 예배의 설교를 부탁드려도 되겠습니까?"

못할 이유가 전혀 없었다.

"물론입니다. 저야 영광이지요. 날짜를 말씀해주시면 꼭 가겠습니다."

그 후 몇 달간 나는 그 기념 행사를 멋진 행사로 만들기 위해 많은 고민을 했다. 하지만 제일 기대되는 일은 아무래도 옛 성도들과의 만남이었다. 그들과 뜻 깊은 시간을 갖고 싶었다.

처음으로 내가 한 일은 그 교회에 전화를 걸어 모든 교인의 이름과 사진이 실린 교회 요람을 보내달라고 부탁한 것이었다. 그 요람에는 아는 얼굴이 꽤 있었다. 25년 전에 비해 머리가 많이 빠지고 백발로 변한 사람이 많았지만, 그 세월의 주름살 뒤에는 옛 얼굴이 남아 있었다. 물론 모르는 사람도 많았다. 그 중에는 나와 친했던 사람의 아들과 딸도 있었고 전혀 모르는 사람도 있었다. 나는 많은 시간을 들여 그 사진들을 자세히 보고 이름을 기억했다.

그러고 나서 정성을 들여 설교를 준비했다. 옛 성도들과의 추억거리도 그 내용에 포함시켰는데 예를 들면 내가 했던 실수와 옛 성도들이 맺은 결실 등이었다. 또 내 삶에 그들이 얼마나 큰 도움이 되었는지도 알리고 싶었다. 그들은 뒤에서 나를 밀어준 분들이며 그들의 도움과 애정은 내게 큰 힘이었다. 그들을 위해

봉사했던 3년은 내게 너무도 유익한 시간들이었다.

하지만 설교보다도 더 중요한 것은 옛 성도들을 만나는 일이었다. 그래서 나와 마가렛은 계획보다 일찍 출발해 토요일 오후를 옛 성도들과 보냈다. 25년 전 내 목회 생활에 가장 중요한 동반자였던 그 성도들과 함께 말이다. 우리는 옛 추억을 나누며 즐거운 한 때를 보냈다. 내가 가장 즐거었던 사건을 이야기하면 그들도 추억거리를 이야기하는 식이었다. 그런데 그들의 이야기 중 나를 깜짝 놀라게 한 이야기가 있었다.

내가 거기서 목회할 당시 청소년 시절을 휠체어에서 보내야 했던 소년이 있었다. 설상가상으로 그 소년은 교통사고까지 당해 혼수상태에 빠지고 말았고, 나는 그 소년이 입원해 있는 병원을 여러 번 방문했다. 그러던 어느 날 밤 나는 무의식 상태로 누워 있는 소년에게 내 믿음을 나누어 주었다. 그러고 나서 얼마 후 힐햄을 떠나 다른 교회로 전임했다. 그런데 그 소년이 혼수상태에서 깨어났다는 말을 이제야 듣게 된 것이다. 더욱이 그때 그 소년이 바로 내 앞에 있었다.

"25년 전 병원에 찾아와서 제게 하신 말씀 기억나세요?"

"그럼, 물론이지."

"저도 그래요. 그날 기억이 너무도 생생해요. 대답은 할 수 없었지만 목사님이 하신 말씀이 하나도 빠짐없이 기억나요. 바로 그날 저는 신앙을 갖게 되었답니다."

그리고 그는 자신의 믿음이 마을 사람들에게 어떤 영향을 주었는지도 이야기했다. 그와의 만남은 매우 특별한 시간이었다.

  다음날 일찍 나는 교회로 가서 들어오는 성도들마다 악수를 청하고 이름을 불러가며 환영했다. 그리고 설교 시간이 되자 성도들에게 진리의 말씀을 전했다. 25년 동안 그들은 놀라운 일을 해냈지만 앞으로 25년 후에는 더 큰 결실을 맺게 될 것이라는 내용이었다. 그들의 잠재력은 아직도 무궁무진했다. 그날 예배를 마치고 돌아올 즈음에는 옛 성도들과의 관계가 더욱 깊어졌을 뿐 아니라 새로운 친구를 많이 사귈 수 있었다.

  그날 내가 힐햄에서 보낸 시간은 매우 짧았다. 그러나 그 짧은 시간 동안 나는 그 마을 사람들과 소중한 관계를 맺을 수 있었다.

관계를 맺으면 상대방이 한 단계 더 발전한다

관계 형성은 멘토링에서 절대 빠져서는 안 되는 요소이다. 즉 누군가에게 긍정적인 영향을 미치려는 사람에게 반드시 필요하다. 타인을 위한 항해란 잠시 함께 여행을 해주면서 삶의 장애물을 극복할 수 있도록 돕는 것이다. 하지만 관계 형성이란 서로의 유익을 위해 상대방을 자신의 여행에 끌어들이는 것이다.

  관계 형성에 대해서는 기차와 조차장操車場에서 벌어지는 일로 설명이 가능하다. 조차장의 선로에 대기하고 있는 객차는 짐을 싣고 목적지와 경로를 정하는 등 여러 가지 준비를 한다. 하지만 정작 혼자서는 아무 데도 가지 못한다. 바로 기관차가 필요한 것이다.

조차장에서 각 객차가 하나로 연결되는 과정을 본 적이 있는가? 모든 과정은 기관차에서 시작된다. 먼저 기관차는 연결할 객차와 같은 선로로 진입한다. 그리고 나서 그 객차가 있는 곳으로 가서 결합한 후에 함께 목적지를 향해 출발한다.

상대방을 여러분의 여행으로 끌어들이기 전에도 이와 비슷한 일이 벌어진다. 즉 목적지를 확인하고 상대방에게 다가가서 관계를 맺는 것이다. 이 일을 성공적으로 마무리하면 서로의 관계가 더욱 깊어진다. 아울러 상대방을 한 단계 더 발전시킬 수 있다.

기억하라. 한 단계 발전하는 길은 항상 오르막길이므로 여러분의 도움이 꼭 필요하다.

관계 형성을 위한 9단계

다행히도 관계 형성에 전문적인 기술은 필요 없다. 노력하기만 하면 누구와도 관계를 맺을 수 있기 때문이다. 단, 대화 기술, 타인의 성장과 변화를 도우려는 열정 그리고 명확한 목적의식이 요구된다. 특히 어디로 가야 할지 몰라서는 곤란하다.

누군가와 관계를 맺을 때 다음 단계들을 기억하라.

1. 사람들의 관심을 당연하게 받아들이지 말라

상대방을 소중히 여길 때만이 그와 관계를 맺을 수 있다. 무능한 리더는 때로 목적지에만 정신이 팔린 나머지 사람들에 대해서는 망각한다. 하지만 잠시라도 사람들의 관심을 당연하게 받아들이는 순간 리더십은 사라지기 시작한다. 물론 관계도 맺을 수 없다.

미국 의회의 하원 대변인 팁 오닐Tip O' Neil 의 사례는 사람들의 관심을 당연하게 생각할 때 어떤 일이 벌어지는지 보여주고 있다.

> 상대방을 소중히 여길 때만이 그와 관계를 맺고 그를 이끌 수 있다.

오닐의 선거일에 한 나이 든 이웃이 투표를 한 뒤 오닐에게 다가왔다.

"오닐 씨, 당신이 부탁하지 않았지만 오늘 저는 당신에게 표를 던졌어요."

오닐은 어리둥절했다.

"오브리엔 씨, 우리는 평생 알고 지냈잖아요. 당신 집의 쓰레기를 버리고 잔디를 깎아주고 눈도 치워주었지 않습니까? 부탁을 해야 한다는 생각은 전혀 못했습니다."

그러자 그녀는 부드러운 목소리로 이렇게 말했다.

"오닐 씨, 부탁을 받는 일은 항상 즐겁답니다."

오닐은 그녀의 조언을 평생 마음에 새겼다.

상대방을 소중히 여기면 관계 형성 외에도 또 다른 유익이 있다. 바로 상대방도 똑같이 여러분을 소중히 여기게 된다는 점이다. 내 친구이자 동료인 댄 레일랜드Dan Reiland를 통해 이 점을 깨달았다. 다음은 그에 관한 이야기이다.

얼마 전 나와 마가렛은 댄과 그의 아내 패티와 함께 주말을 보냈다. 나는 인조이의 부사장이 되기 전에는 스카이라인 교회의 담임목사로 시무했는데 댄은 그 교회의 부목사를 시작으로 15년 동안 나와 함께 일해왔다. 우리는 라구나 해변의 호텔에서 즐거운 주말 한때를 보냈다. 수영장과 스파, 훌륭한 음식 등 정말 기억에 남는 주말이었다.

체크아웃 시간이 되자 나와 마가렛은 숙박비를 지불하기 위해 프론트로 갔다. 그런데 이미 댄이 선수를 쳐 모든 계산을 마친 뒤였다. 나중에 나는 댄에게 이렇게 말했다.

"댄 목사님, 왜 그랬어요? 제가 대접하고 싶었는데."

"아닙니다, 존 목사님. 제가 원해서 한 일입니다. 저희에게 너무 잘해주셨잖아요. 꼭 보답하고 싶었어요."

나의 친구이자 콜로라도 버팔로스 미식축구 팀의 전 수석 코치인 빌 메카트니Bill McCartney는 이렇게 말했다. "남을 소중히 여기지 않을 때마다 하나님이 그를 창조하셨다는 사실을 의심하는 것이다."

상대방을 얼마나 사랑하는지 아무리 자주, 또 크게 말해도 지나치지 않다.

2. 변화를 일으킬 수 있다는 마음가짐을 가져라

뭔가 해내고 싶다면 할 수 있다는 마음가짐을 가져라. 자신을 믿지 못하면 아무것도 할 수 없기 때문이다. 변화를 일으킬 수 있다는 마음가짐을 가지려면 다음과 같이 하라.

1. 자신이 변화를 일으킬 수 있음을 믿어라.

여러분을 포함해서 이 세상의 모든 사람은 누구나 큰 일을 해낼 수 있는 잠재력을 갖고 있다. 단, 누군가를 위해 자신을 주겠다는 의지와 자신감이 있어야 한다. 헬렌 켈러는 "인생은 원래 즐겁지만 타인을 위해 살 때가 가장 즐겁다."라고 말했다. 여러분이 모든 사람을 도울 수는 없지만 분명 누군가를 도울 수는 있다.

2. 먼저 베풀면 변화가 일어난다는 사실을 믿어라

짐 도넌과 나는 삶의 많은 부분을 사람들과 관계를 맺고 대화를 나누는 데 사용하고 있다. 그 결과 매년 백만 명 이상에게 영향을 미치고 있다. 우리는 누군가에게 먼저 베풀 때 큰 변화가 일어남을 확신하고 있다. 다시 말해 리더십에 따라 모든 성패가 결정된다. 리더의 태도는 사람을 망치기도 성공으로 이끌기도 한다. 그 중에서도 믿음이 없으면 기쁨과 평화, 삶의 의미란 있을 수 없다.

먼저 베풀면 타인의 삶에 변화를 일으킬 수 있음을 믿어야 한다. 확신이 없는 리더를 따르려는 사람은 아무도 없기 때문이다. 먼저 자신이 믿지 않는데 누가 믿고 따르겠는가?

3. 관계를 맺은 상대방이 변화를 일으킬 수 있음을 믿어라

'인간 행위의 상반성 규칙'reciprocity rule이라는 원리가 있다. 그 원

리는 사람들은 시간이 흐를수록 서로에게 비슷한 태도를 보인다는 것이다. 다시 말해 우리가 여러분에게 계속해서 관심을 보이면 여러분도 우리에게 관심을 갖게 된다는 원리다. 그러면 관계, 더 나아가 강한 협력 관계가 형성된다.

4. 함께 커다란 변화를 일으킬 수 있음을 믿어라

협력의 미덕을 몸으로 보여준 테레사 수녀는 언젠가 이렇게 말했다.

"나는 당신이 할 수 없는 일을 할 수 있고, 당신은 내가 할 수 없는 일을 할 수 있다. 따라서 우리는 함께 큰일을 할 수 있다."

협력하면 혼자서 일할 때보다 훨씬 큰 성과를 거둘 수 있다. 반면 그 점을 깨닫지 못하는 사람은 자신의 잠재력을 조금밖에 사용하지 못한다.

1800년대의 유명한 오르간 연주자에 관한 다음 이야기는 협력의 가치를 잘 보여준다.

이 마을 저 마을 떠돌며 공연하는 오르간 연주자가 한 사람 있었다. 그는 각 마을에 도착할 때마다 오르간에 펌프질을 할 소년을 구했다. 한번은 공연을 마쳤는데도 소년이 떠나지 않는 것이었다. 결국 그 소년은 호텔까지 쫓아와 말했다.

"오늘 우리의 공연은 정말 멋졌어요. 그렇지 않나요?"

그러자 음악가는 코웃음을 치며 말했다.

"우리라니? 공연은 내가 했어. 썩 집에나 가거라."

다음 날 밤 오르간 연주자가 장엄한 둔주곡을 중간쯤 연주했을 때 갑자기 오르간 소리가 멈추었다. 이에 오르간 연주자는 깜짝 놀랐다. 그때 소년이 갑자기 오르간 모서리에 머리를 대고 씩 웃으며 말했다.

"우리는 오늘 밤 공연을 망쳤어요. 우리가 말이예요."

누군가와 관계를 맺고 그를 성장시키고 싶다면 그와 여러분은 한 팀이라는 사실을 명심해야 한다. 그리고 기회가 있을 때마다 그 사실을 말로 표현하라.

3. 솔선수범하라

작가이자 컨설턴트인 톰 피터스Tom Peters와 낸시 오스틴Nancy Austin은 이렇게 말했다.

"미국 기업의 경영에 있어 가장 큰 문제는 직원과 고객에게 다가가지 않는 경영자이다."[1]

교제와 대화의 부족은 꼭 회사의 경영자뿐 아니라 모든 사람에게 악영향을 끼친다. 그래서 세일즈 전문가 찰스 루스Charles B. Ruth는 이렇게 말했다.

"세일즈맨에는 여러 유형이 있다. 그 중에서도 고객에게 우정밖에 줄 것이 없는 세일즈맨과 우정만 빼고 모든 것을 줄 수 있는 세일즈맨이 있다."[2]

사람들이 서로 관계를 맺지 않는 데에는 많은 이유가 있다. 그 중 특히 조직 내부에서 쉽게 눈에 띄는 이유가 있다. 바로 부하직원이 먼저 다가와야 한다고 생각한다는 리더가 많다는 점이다. 그러나 사실은 정반대이다. 뛰어난 리더라면 솔선수범해야 한다. 먼저 다가서고 만나고 관계를 맺기 위해 노력하지 않으면 십중팔구 관계를 형성할 수 없다.

4. 공통 영역을 찾아라

타인과 관계를 맺고 싶다면 서로 마음이 맞는 영역부터 시작하라. 이는 공통 영역을 찾으라는 뜻이다. 바로 제4장에서 살핀 대로, 귀를 기울이면 서로의 경험과 시각이 일치하는 영역을 발견할 수 있다. 예를 들어 취미, 사는 곳, 직업, 좋아하는 스포츠, 자녀 등에 관해 이야기를 나누어라. 그러나 대화보다 더욱 중요한 것은 태도이다. 긍정적인 태도를 갖고 상대방의 시각에서 사물을 보려고 노력하라. 마음을 열고 호감을 가지면 반은 성공할 것이다. 그래서 이런 말이 있지 않은가? "조건이 같으면 당연히 좋아하는 사람과 일할 것이다. 하지만 조건이 나빠도 마찬가지이다."

그러나 공통 영역을 발견하고도 대화에 어려움을 느낄 수 있다. 먼저 다가가서 관계를 맺으려는데도 상대가 망설인다면 공통된 감정을 찾아보라. 가장 좋은 방법은 다음과 같은 3단계를 거치는 것이다. 먼저 상대방의 현재 감정을 탐지하고 그 감정을 인정해준다. 그리고 나서 자신이 과거에 그와 비슷한 감정을 느낀 적이 있으면 그것을 말해준다. 마지막으로 그 감정을 어떻게 처리했는지 말해준다.

공통 영역을 찾는 데 익숙해지면 언제 어디에서 누구와도 이야기를 나눌 수 있다. 그리고 마침내 깊은 관계를 맺을 수 있다.

5. 개성과 차이를 인정하고 존중하라

공통 영역을 찾는 일도 중요하다. 하지만 세상에 똑같은 사람은 없다는 사실을 인정할 줄도 알아야 한다. 그리고 그런 차이야말로 인생의 묘미이기도 하다. 물론 항상 그런 시각으로 사람을 보아서는 안 되지만 말이다. 남을 잘 이해하고 싶은 사람은 나의 친구 플로렌스 리타우어 Florence Littauer 의 책 《기질 플러스》Personality Plus를 읽어보아라. 그 책에서 리타우어는 인격을 다음 네 가지 기본 유형으로 나누고 있다.

- 명랑한 사람 : 장난을 좋아한다. 외향적이다. 관계 중심이다. 재치가 있다. 안일하다. 인기가 많다. 예술적이다. 감정적이다. 솔직하다. 낙관적이다.
- 침울한 사람 : 완벽을 추구한다. 내향적이다. 일 중심이다. 예술적이다. 감정적이다. 목표 지향적이다. 조직적이다. 비관적이다.
- 냉정한 사람 : 평화를 원한다. 외향적이다. 감정에 좌우되지 않는다. 의지가 강하다. 관계 중심이다. 염세적이다. 비관적이다. 목적 중심이다.
- 다혈질인 사람 : 권력이나 통제력을 원한다. 의지가 강하다. 결

단력이 강하다. 목표 지향적이다. 조직적이다. 감정에 좌우되지 않는다. 외향적이다. 솔직하다. 낙관적이다.³

모든 사람이 이 유형의 하나에 속한다. 그리고 경우에 따라 두 가지 유형을 함께 가진 사람도 있다. 예를 들어 나는 명랑하면서 다혈질인 경우다. 그래서 장난을 좋아하고 결단력이 강하며 어떤 상황에서든 나서기를 좋아한다. 반면 짐은 침울하면서 냉정하다. 즉 감정에 치우치지 않고 주관이 강하며 생각이 깊다.

누군가와 관계를 맺을 때 차이를 인정하고 존중하라. 예를 들어 다혈질인 사람에게는 강하게 접근하라. 침울한 사람에게는 깊이 다가가라. 냉정한 사람에게는 확신을 보여주어라. 명랑한 사람에게는 다소 들뜬 모습을 보여라.

극작가 루터Luther 는 이 점을 잘 알고 있었다.

"타고난 재능, 지식, 많은 학식, 이런 것들은 성공을 보장해주지 않는다. 대신, 남이 원하는 것을 포착하는 감각과 그것을 주려는 의지가 필요하다. 원하는 것을 찾아 최선을 다해 그것을 충족시켜준다면 그러한 배려를 고맙게 생각하지 않을 사람이 어디 있겠는가?"

6. 상대방이 원하는 것을 찾아라

기업가 앤드류 카네기Andrew Carnegie 는 상대방이 원하는 것을 알아내는 데 귀재였다. 어린 시절 스코틀랜드에 살았던 카네기는 토끼 한 마리와 새끼 여러 마리를 길렀다. 그는 토끼들에게 먹이를 주기 위해 친구들을 시켜 클로버와 민들레를 뜯어오게 했다. 그리고 그 보답으로 새끼 토끼들에게 친구들의 이름을 붙여주었다.

카네기는 어른이 되어서도 그런 자세를 잃지 않았다. 그는 펜실베이니아 철도 회사에 자사의 강철을 판매하고 싶었다. 그래서 생각해 낸 방법이 피츠버그에 강철 공장을 세우고 펜실베이니아 철도 회사 사장의 이름을 따 '에드거 톰슨 강철 공장'J. Edgar Thompson Steel Works으로 명명하는 것이었다. 이에 우쭐해진 톰슨은 모든 강철을 카네기에게서 구매했다.

꼭 카네기와 같은 방법을 사용할 필요는 없다. 단지 상대방이 원하는 바를 알면 된다. 누구나 인생에서 가장 중요하게 여기는 것이 있다. 바로 그것을 찾아야 한다. 다음의 조언이 도움이 될 것이다.

"상대방의 마음자세를 알려면 그가 이룬 업적을 살피고 심정을 알려면 포부를 살펴라."

상대방이 원하는 바를 찾았으면 진실성을 갖고 그것을 이용하라. 단, 자신이 아닌 그의 유익을 생각하라. 그렇지 않으면 도움은커녕 피해만 주게 된다.

7. 진심으로 대화를 나누어라

먼저 다가가서 공통 영역을 찾고 상대방이 정말 원하는 바를 발견했으면, 이번에는 자신이 정말 원하는 바를 이야기하라. 단, 진심으로 말해야 한다.

심리학 박사 학위를 취득한 지 얼마 안 되는 한 젊은이가 노인들을 대상으로 연설을 하게 되었다. 45분 동안 그는 인생의 황혼기에 어떻게 살아야 할지 열심히 설명했다. 연설이 끝나자 80세쯤 되어 보이는 할머니가 그에게 다가와 말했다.

"자네의 문장과 발음은 훌륭했어. 하지만 한 가지만 말해야겠네. 자네는 늙은이의 심정을 조금도 모르고 있어."

대화를 나눌 때 진심만큼 중요한 것은 없다. 둘만의 대화든 많은 청중 앞에서의 연설이든 마찬가지이다. 어떤 지식이나 기술, 재치도 진심으로 도우려는 마음가짐을 대신할 수 없다.

에이브러햄 링컨은 뛰어난 대화 기술을 갖고 있었다. 그런데 그 기술의 중심에는 진심으로 말하는 자세가 있었다. 1842년 워싱턴 절제협회 Washington Temperance Society를 대상으로 '절제주의 개혁의 관용' Charity in Temperance Reform이라는 제목의 연설을 할 당시 그는 다음과 같이 말했다.

"하나의 명분 아래 사람을 모으려면 먼저 참된 친구로 다가가야 합니다. 상대방에게 판단과 행동을 강요하거나 그를 멀리 하고 경멸해야 할 대상으로 규정해 보십시오. 그는 움츠려들 것입니다. 그 상황에서 그의 마음을 움직이기란 짚으로 딱딱한 거북이 등을 뚫는 것보다 어렵습니다."[4]

타인과 대화를 나누고 관계를 맺을 때 진심으로 대하라.

8. 공통된 경험을 만들어라

깊은 관계를 맺기 위해서는 공통 영역이나 대화만으로 충분하지

> 협력하면 혼자서 일할 때보다 훨씬 큰 성과를 거둘 수 있다.

않다. 여기에 관계를 확고히 굳히려는 노력이 필요하다. 조지프 뉴턴 Joseph Newton은 "사람은 다리 대신 벽을 쌓기 때문에 항상 외롭다."고 말했다. 다리를 놓아 변함없는 관계를 맺으려면 경험을 공유해야 한다.

짐 도넌과 나는 사람들과 많은 경험을 공유했다. 그 중 한 가지 예를 들면 나는 새로운 행정 직원을 고용하면 꼭 컨퍼런스에 같이 참석하곤 한다. 그 목적은 비단 고객 상대 경험을 쌓게 하려는 것만이 아니다. 함께 여행을 하면서 서로의 다양한 모습에 관해 알리는 더 큰 목적 때문이다. 우리는 낯선 도시에서 함께 차를 타고 붐비는 도로를 지나 공항에 도착한다. 그리고 나서 가방을 들고 공항 중앙 홀로 달려가 1분 전에 가까스로 비행기에 탑승한다. 함께 이런 경험을 공유해보라. 두 사람이 곧 하나가 될 것이다!

물론 사람은 어려운 상황일 때 더 가까워지기가 쉽지만 반드시 극적인 경험을 공유할 필요는 없다. 함께 식사를 하고 야구 경기를 관람하라. 방문할 곳이 있으면 함께 데리고 가라. 이렇게 경험을 공유하는 시간이 많아질수록 더욱 깊은 관계가 형성될 것이다.

최초의 흑인 메이저리거 재키 존슨의 일화는 관계 형성의 중요성을 잘 보여준다.

> 존슨은 경기장에 나올 때마다 조소하는 관중과 죽음의 위협, 욕설에 시달려야 했지만 결국 야구계의 인종 장벽을 부수었다.

어느 날 브루클린 홈 경기장에서 존슨은 그만 에러를 범하고 말았다. 그러자 그 즉시 홈 팬까지 야유를 퍼붓기 시작했다. 존슨이 2루에서 창피해 몸둘 바를 모르고 있을 때였다. 전설적인 야구선수 피위리스Pee Wee Reese가 존슨에게 다가와 그의 어깨에 손을 얹고 관중을 쳐다보았다. 그러자 순식간에 장내가 쥐죽은 듯 조용해졌다. 훗날 존슨은 자신의 어깨에 얹힌 리스의 손이 지금의 자신을 있게 했다고 회고했다.

특별히 상대방이 어려움을 겪고 있을 때 다가가라. 그리고 깊은 관계가 형성되면 함께 여행을 떠날 준비가 된 셈이다.

9. 관계를 맺었으면 출발하라

타인에게 영향을 미치고 올바른 방향으로 인도하고 싶다면 먼저 관계를 맺어야 한다. 그러기도 전에 목적지를 향해 출발하려는 시도는 미숙한 리더에게서 공통적으로 찾아볼 수 있는 오류이다. 관계도 맺기 전에 떠나는 여행은 불신과 저항, 깨지기 쉬운 관계로 이어진다. 따라서 여행을 함께 하기 전에 마음을 함께 해야 한다는 사실을 항상 명심하라.

누군가 이런 말을 했다. "사람들이 당신을 따라 대의를 향해 나아갈 수 있도록 오늘 당장 미래의 의지를 심어주어라. 그것이 진정한 리더십이다." 바로 관계가 의지를 만들어낸다.

특히 다른 문화권의 사람과 관계를 맺는 일은 정말 쉽지 않다. 26

개국의 사람들을 상대하는 짐 도넌은 이런 경험을 자주 했다. 그는 특히 과거 소련의 지배를 받았던 동유럽 국가의 국민들과 많은 교류를 가졌다.

동유럽 국가의 국민들을 처음 접했을 때의 기분은 정말 생소했다. 그들의 문화와 가치관에 대해 거의 몰랐기 때문이다. 또 50년 동안 공산주의 체제 속에서 살아온 그들 편에서 보면 우리의 비즈니스 관습이 낯설었을 것이 분명하다.

대부분의 미국인은 기독교 윤리와 가치 속에서 자랐다. 그래서 우리는 자유 시장 및 자본주의와 함께 그런 가치를 당연하게 받아들이고 있다. 그러나 폴란드, 헝가리, 체코 공화국 같은 국가에서 우리가 새로 사귄 친구들은 전혀 다른 환경에서 자랐다. 알다시피 그들은 독재와 정치 선전, 비도덕적인 교육으로 얼룩지고 부패한 사회에서 말 그대로 '생존'해왔다. 그런 환경으로 인해 그들은 법을 어기고 남을 속여야 성공할 수 있다는 믿음을 갖게 되었다. 많은 사람들이 성공을 위해서라면 무슨 짓도 서슴지 않는 마음가짐을 갖고 있었다. 심지어 교묘하게 법을 어긴 사실을 자랑삼아 말할 정도였다.

우리는 그들에게 도덕적 양심에 따라 행동하고 진실성과 신뢰의 원칙을 준수해야 진정한 성공을 거둘 수 있다고 말해야 했다. 설득하기가 쉽지는 않았지만 그들은 어리석지 않았다. 특히 우리와 함께 일하는 젊은이들은 진정한 성공의 비결을 무척이나 알고 싶어 했다.

우리는 그들과 관계를 맺기 위해 최선의 노력을 다했다. 어떤 점에서, 우리가 그동안 직면했던 도전 중 가장 어려웠다. 하지만 우리는 뛰어난 사람들을 찾을 수 있었고 친구와 멘토로서 그들과 함께 했다. 먼저 윤리적 삶과 원칙을 따르는 사업이라는 새로운 패러다임을 향해 그들과 함께 항해를 시작했다. 그러고 나서 그들에 관해 더 많은 것을 알고 깊은 관계를 맺기 위한 시간을 들였다. 우리의 궁극적인 목표는 우리가 제공하는 도구를 가지고 그들이 각자의 나라에서 다른 사람에게 좋은 영향을 미치는 것이었다. 그러한 노력은 아직도 진행 중이다. 하지만 동유럽이든, 중국 본토이든, 세계 어느 곳이든 사람은 기본적으로 똑같다. 누구나 성공해서 행복을 누리고 싶어 한다. 또 자기보다 앞선 사람에게서 배우고 싶어 한다. 그러나 상대방과 개인적인 관계를 맺지 않으면 그의 삶에 큰 영향을 미칠 수 없다. 관계를 맺을 때만이 그를 여행으로 끌어들이고 큰 변화를 일으킬 수 있다.

짐 도넌과 부인 낸시는 세계 곳곳에 있는 사람들에게 영향을 미치고 있다. 영향력은 상대방과 관계를 맺고 그를 양육하며 그가 또 다른 사람의 삶에 영향을 미칠 수 있을 때까지 돕는 것이다. 관계 형성은 그 과정에 꼭 필요한 단계이다. 하지만 여러분의 주위 사람이 가장 높은 수준에 이르러 또 다른 사람에게 영향력을 발휘할 수 있으려면 한 단계 더 남았다. 그것은 권한 부여로, 다음 장에서 살필 주제다.

| 영향력 점검표 |

특별한 관계 맺는법

☐ 여러분의 현재 관계를 측정하라

주위에서 가장 중요한 사람과 얼마나 강한 관계를 맺고 있는가? 그 사람의 삶에 가장 중요한 것은 무엇인가? 공통 기반을 형성했는가? 두 사람을 하나로 묶어줄 경험을 공유했는가? 아직 깊은 관계를 맺지 못했으면 여러분이 먼저 다가가야 한다는 사실을 명심하라. 이번 주에 만나 커피를 마시고 식사를 하거나 서로 이야기를 나누기로 약속하라.

☐ 깊은 관계를 맺어라

일상적인 관계에서 가장 중요한 사람과 의미 있는 시간을 가져본 적이 없다면 이번 달 안에 기회를 만들어라. 배우자를 동반해 주말을 함께 보내기로 계획하라. 단, 깊은 관계를 맺고 경험을 공유하기 위해 최선을 다해야 한다는 점을 명심하라.

☐ 여러분의 비전을 이야기하라

깊은 관계가 형성되었다면 여러분의 희망과 꿈을 말하라. 여러분의 미래에 대한 비전을 제시하고 그 비전을 향한 여행에 상대방을 초대하라.

제9장

권한을 부여하라
Empowers People

"가장 훌륭한 성과를 거두는 사람은
가장 뛰어난 독불장군이 아니다.
오히려 동료의 두뇌와 재능을 최대한 활용하는 사람이다."

– 알톤 존스

Empowers People

　　짐 도넌은 사업상 최고의 리더들과 만나는 일이 잦다. 그 리더들은 세계 각국에 흩어져 있고 각지에서 찾아오기 때문에 다양한 장소에서 모임을 갖는다. 그 중에서도 짐과 낸시가 오랫동안 즐겨 찾았던 장소는 유타 주에 위치한 솔트 레이크 시티 근처의 디어밸리Deer Valley이다. 최근 그들은 거기서 몇몇 리더들과 모임을 가졌는데 흥미로운 일이 벌어졌다. 짐의 이야기를 들어보자.

　　디어밸리는 정말 아름다운 곳이다. 겨울에는 스키 타기에 안성맞춤이고 여름에는 멋진 숲이 우거지고 야생화가 초원에 가득하다.
　　작년에 우리는 디어밸리 스키장 바로 아래에 있는 콘도에서 열 쌍의 부부와 즐거운 시간을 보냈다. 떠날 시간이 되자 우리는 짐을 싼 뒤 체크아웃을 하기 위해 프런트에 들렀다. 하지만 계산할 때가 되어서야 우리 일행 중 한 부부가 깜빡 잊고 방 안에 열쇠를 두고 왔다는 사실을 알아챘다.

제9장 | 권한을 부여하라　255

"잃어버리신 열쇠에 대해 25달러의 벌금을 내셔야 합니다."

접수계원은 다짜고짜 이렇게 말했다.

나는 솔직히 약간 놀랐다. 우리는 8년 동안 그 콘도의 고객이었고 지난주만 해도 수천 달러를 썼다.

"이봐요, 잃어버린 열쇠에 대한 규정을 알겠지만 열쇠는 방에 있어요. 지금 그 열쇠를 가지러 가면 우리는 비행기를 놓칩니다. 그러니 좀 봐주실 수 없습니까?"

하지만 접수계원은 도무지 내 말을 들으려 하지 않았다.

"안 됩니다. 규정대로 계산서에 벌금을 더해야 합니다."

중요한 고객에게 벌금은 너무 심한 처사라고 말했지만 그는 꿈쩍도 하지 않았다. 아니, 오히려 더 강경한 자세로 나왔다. 이쯤 되자 나는 슬슬 화가 나기 시작했다. 거기 서서 지난 수년간 내가 그 콘도에서 쓴 돈을 계산해보았다. 그 접수계원은 지금 10만 달러 가치의 고객을 25달러의 열쇠와 바꾸려고 하고 있었다.

결국 우리는 벌금을 지불하고 공항으로 출발했다. 공항으로 가면서 나와 낸시는 그 사건에 대해 이야기를 나누었다. 따지고 보면 접수계원의 잘못이 아니었다. 문제는 그를 제대로 훈련시키지 못한 콘도 소유주에게 있었다. 낸시는 이렇게 말했다.

"그런 서비스를 볼 때마다 정말 짜증이 나요. 하지만 그렇지 않은 곳도 있어요. 어딘지 아세요? 바로 노드스트롬 Nordstrom 백화점이에요. 그곳의 서비스는 정말 대단했어요. 디어밸리로 떠나기 전날 밤 어떤 일이 있었는지 들어보세요. 그날 밤 에릭의 잠옷을 사려고 노드스트롬 백화점에 갔어요. 마음에 드는 잠옷을 고르긴 골랐는데 하의 길이가 좀 길었어요. 그래서 여점원에게 잠옷 하의를 줄여야 하는데 다음날 아침부터 한동안 여행을 떠나야 한다고 사정을 말했어요. 그랬더니 그 여점원은 전혀 망설임도 없이 그날 밤에 줄여서 집으로 보내주겠다고 하는 것이 아니겠어요?"

또 낸시는 이렇게 덧붙였다.

"제가 산 물건은 그 잠옷뿐이었어요. 게다가 비싸지도 않았구요. 단지 잠옷 한 벌 때문에 그런 수고를 아끼지 않더라구요!"

노드스트롬 백화점의 탁월한 서비스는 정평이 나 있다. 거기서 한 번 물건을 사보면 누구나 그런 서비스를 경험할 수 있다. 그곳 직원들이 남다른 이유는 노드스트롬이 내거는 '권한 부여'empowerment의 원칙 때문이다. 직원에게 권한을 부여한다는 노드스트롬의 철학은 다음의 간단한 진술서에 그대로 녹아 있다. 노드스트롬의 모든 직원은 입사하자마자 이 진술서를 받는다.

노드스트롬에 입사하신 것을 환영합니다.
여러분과 함께 일하게 되어 매우 기쁩니다.
우리의 첫 번째 목표는 탁월한 고객 서비스를 제공하는 것입니다.
여러분의 개인 및 직업상의 목표를 높게 설정하십시오.
우리는 여러분의 능력으로 그 목표를 달성할 수 있다고 확신합니다.

노드스트롬 규정

규정 1. 어떤 상황에서든지 여러분의 뛰어난 판단력을 활용하십시오. 더 이상의 규정은 없습니다. 부디 여러분의 부서 관리자나 매장 관리자, 총지배인에게 언제 어떠한 질문이라도 마음껏 던지십시오.[1]

노드스트롬 백화점은 정책이 아니라 '사람'을 강조한다. 즉 사람을 믿고 격려하며, 무엇보다도 뛰어난 성과를 발휘하도록 자유롭게 풀어준다. 그런 의미에서 톰 피터슨은 이렇게 말했다.

"기술 자체가 양질의 제품을 생산하고 쓰레기를 제때 버리는 것은 아니다. 바로 사람이 그 일을 한다. 특히 그 일에 관심을 갖고 있는 사람, 창조적인 어른으로 대접을 받는 사람이 그 일을 한다."

이런 교훈을 진작 알았더라면 디어밸리의 경영자와 접수계원도 귀중한 고객을 놓치지 않았을 것이다.

권한 부여의 의미

영국의 예술가 윌리엄 울콧 William Wolcott 은 1924년 뉴욕에 도착했을 때 그 매혹적인 도시에서 받은 인상을 기록으로 남기고 싶었다. 그러던 어느 날 아침 그가 과거에 함께 일했던 친구의 사무실에 들렀다가 무엇인가 스케치하고 싶은 욕구가 강하게 일었다. 그런데 마침 친구의 책상에 올려진 종이가 눈에 들어왔다.

"저 종이를 내가 가져도 되겠나?"

그러자 친구가 물었다.

"저 종이는 스케치북이 아니라네. 그저 평범한 포장지일세."

울콧은 영감을 잃지 않으려고 애쓰면서 그 포장지를 집어들고 말했다. "잘 활용하면 평범한 것이란 없다네."

울콧은 그 평범한 포장지 위에 두 점의 스케치를 그렸다. 그해 말 그 스케치 중 하나는 500달러에, 다른 하나는 1,000달러에 팔렸다. 1924년에 그 정도 돈이면 상당히 큰 액수였다.

권한을 부여받은 사람은 뛰어난 예술가의 손에 들린 펜과도 같다. 그 예술가의 손에 닿으면 무엇이든 보물로 변한다.

권한 부여는 개인 및 직업상의 성공에 매우 중요하다. 수학자였던 존 크래그 John Craig 는 이렇게 말했다.

"아무리 많은 일을 할 수 있고 인격이 훌륭해도 남을 통해 일하지 않으면 사업에서 성공할 수 없다."

또 미국의 사업가인 폴 게티 Paul Getty 는 이렇게 주장했다.

"회사의 임원이 소유한 지식이나 경험만으로는 큰일을 이룰 수 없다. 사람을 통해 결실을 맺지 않으면 그 임원은 아무런 쓸모가 없다."

권한을 부여하면 사람을 통해 일할 수 있게 된다. 하지만 권한을 부여한 사람에게만 유익이 있는 것은 아니다. 권한을 부여받은 사람도 개인 및 직업상 발전에서 최고의 수준에 이를 수 있다. 간단히 말해 권한 부여란 개인 및 조직의 성장을 위해 자신의 영향력을 나누

> 권한 부여는 삶을 변화시키고 여러분과 상대방 모두에게 유익을 끼친다.

어주는 것이다. 타인의 삶에 투자해 최상의 노력을 이끌어내려는 목적으로 자신의 영향력과 지위, 권력, 기회 등을 나누어주는 것이다. 또 타인의 잠재력을 보고 자신의 자원을 나누어주며 전적으로 믿어주는 것이다.

모든 사람은 이미 누군가에게 권한을 부여하고 있다. 예를 들어 아내에게 중요한 결정을 일임하고 뒤에서 적극 도와주고 있다면 바로 그것이 권한 부여이다. 아이가 혼자서 건널목을 건널 수 있는 나이가 되었다고 생각하고 그것을 허락하는 것도 권한 부여이다. 물론 직원에게 어려운 일을 맡기고 필요한 권한을 주는 경우도 마찬가지이다.

권한 부여는 삶을 변화시키고 자신과 상대방 모두에게 유익을 끼친다. 권한을 부여하는 일은 자동차 같은 물건을 상대방에게 주는 일과 다르다. 차를 주면 내가 걷거나 대중교통을 이용하는 불편을 겪어야 한다. 그러나 권한을 주는 일은 정보를 나누는 일과 비슷하다. 즉 전혀 손해를 보지 않고도 상대방의 능력을 높일 수 있다.

권한 부여를 위한 조건

누구나 권한을 부여할 수 있지만 모든 사람에게 부여할 수는 없다. 권한을 부여하려면 다음의 조건이 맞아야 한다.

지위

자신의 권한 밖에 있는 사람에게 권한을 부여할 수는 없다. 리더십 전문가 프레드 스미스Fred Smith는 다음과 같이 설명한다.

"후임자의 권한 인계를 허락하는 사람은 누구인가? 바로 권한을 가진 사람이다. 그 외에 할 수 있는 일은 격려뿐이다. 허락은 권한을 가진 인물, 즉 아버지, 상사, 목사 등에게서만 나온다."

격려하고 동기를 부여하고 성장과 항해를 돕는 일은 어떤 대상을 선택하든지 상관없다. 그러나 권한 부여는 여러분이 그럴 만한 지위에 있어야 가능하다. 물론 그 지위는 비공식적일 수도 공식적일 수도 있다. 예를 들어 여러분이 친구와 음식점에 갔는데 음식이 너무 늦게 나온다고 하자. 그렇다고 해서 친구더러 주방에 가서 음식을 만들어오라고 할 수는 없는 노릇이다. 여러분에게는 그럴 권한이 없기 때문에 그런 권한을 나누어줄 수 없다. 따라서 권한 부여의 첫 번째 조건은 특정 권한을 가진 지위이다.

관계

권한 부여의 두 번째 조건은 관계이다. 19세기 작가 토머스 칼라일은 "위대한 사람은 하찮은 사람에게 위대함을 나누어준다."고 말했다. 물론 여러분이 권한을 부여할 사람이 하찮다는 뜻은 아니다. 그러나 여러분이 그와의 관계를 하찮게 여기면 그도 그 관계를 하찮게 여기게 된다.

관계는 억지로 만들어내는 것이 아니라 형성되는 것이라는 말이 있다. 시간과 경험 공유가 필요하다는 뜻이다. 앞에서 말한 방법으로 관계를 맺기 위해 노력했으면 리더십을 발휘하고 권한을 부여할 수 있을 정도로 깊은 관계로 나아가야 한다.

아울러 랄프 왈도 에머슨의 다음 말을 기억하라.

"모든 사람은 최상의 순간일 때를 기준으로 평가받을 자격이 있다."

상대방과 그와의 관계를 소중히 여기게 되면 권한을 부여할 준비가 된 셈이다.

존경심

관계를 잘 맺으면 상대방은 여러분과 함께 있기를 원하게 된다. 한편 존경심이 생기면 여러분의 권한을 위임받기를 바라게 된다. 정신과 의사 에리 키예프 Ari Kiev 는 이러한 점을 다음과 같이 설명했다. "누군가에게 존경을 받으려면 먼저 그를 존경해야 한다. 모든 사람은 어떤 일이나 어떤 사람에 대해 중요한 존재가 되기를 원한다. 그래서 그러한 필요를 충족시켜주는 사람에게 애정과 존경심, 관심을 보이게 마련이다. 일반적으로 타인에 대한 배려는 자신과 상대방에 대한 믿음을 의미한다."

믿어주고 애정과 신뢰를 보내면 상대방은 그것을 느낀다. 그리고 그러한 배려는 리더십으로 이어진다.

헌신

권한을 부여하고 싶은 리더에게 요구되는 마지막 조건은 헌신이다. 유에스항공 US Air 사의 임원 에드 맥엘로이 Ed McElroy 는 이렇게 강조했다.

"헌신은 새로운 힘을 가져다준다. 어떤 질병이나 가난, 재난이 찾아오더라도 목표에서 눈을 떼지 않는 것이 바로 헌신이다."

권한을 부여하는 일은 언제나 쉽지 않은데 처음일 때는 특히 그렇다. 마치 돌부리와 웅덩이가 많이 있는 도로와도 같다. 그러나 그만큼 보상도 크기 때문에 해볼 만한 가치가 있다.

그래서 로체스터대학의 에드워드 데시 Edward Deci 는 이렇게 말했다. "헌신하려면 일 자체를 가치 있게 여겨야 한다."

권한 부여의 가치를 잊지 않기 위해 다음의 교훈을 마음에 새겨라.

"타인에게 권한을 부여하면 그에게만 영향을 미치는 것이 아니다. 앞으로 그가 만날 모든 사람에게 영향을 미치는 것이다."

권한을 부여할 수 있는 지위에 있고, 그와 관계를 맺고, 존중하고, 권한 부여 과정에 헌신하기로 결심했으면 거의 모든 조건을 갖춘 셈이다. 그러나 실제로 권한을 부여하기 위해서는 중요한 요소가 한 가지 더 남아 있다. 바로 올바른 태도이다.

막상 권한을 부여하려고 하면 불안해하는 사람이 많이 있다. 멘토링 대상에게 자신의 자리를 빼앗길까 두려워하는 것이다. 사실 자신은 더 높은 지위로 올라가고 그 빈자리를 멘토링 대상에게 넘겨주는 것에 불과한데도 말이다. 그런 사람들은 변화를 두려워한다. 그러나 권한 부여는 권한을 부여한 사람과 그 대상 모두에게 변화를 의미한다. 높은 단계로 나아가기 위해 포기할 것은 포기할 줄 아는 자세야말로 올바른 권한 부여의 자세이다.

권한 부여와 관련된 변화에 대해 여러분이 어떤 자세를 갖고 있는지 다음 질문을 통해 확인해보자. 이 질문들은 권한을 부여하기 전에 반드시 짚고 넘어가야 할 질문들이다.

1. 상대방을 믿고 그를 우리의 조직에서 가장 소중한 자산으로 여기는가?
2. 권한을 부여하면 개인적인 성취 이상의 성과를 거둘 수 있다고 믿는가?
3. 권한을 수용할 수 있는 리더를 적극적으로 찾고 있는가?
4. 상대방을 현재의 내 수준보다 성장시킬 용의가 있는가?
5. 리더십 자질을 가진 사람에게 시간을 투자할 용의가 있는가?
6. 내가 가르친 덕분에 상대방이 칭찬받는 것을 받아들일 용의가 있는가?
7. 상대방의 방법과 개성을 존중하는가? 아니면 내가 통제하는가?
8. 미래의 리더에게 권위와 영향력을 공개적으로 부여할 용의가 있는가?
9. 누군가에게 책임을 맡긴 이상 통제하지 않을 용의가 있는가?
10. 누군가에게 전권을 넘기고 진심으로 지원해줄 용의가 있는가?

두 개 이상의 질문에서 "아니오."라는 대답이 나왔다면 태도를 점검하고 바꾸어야 한다. 자신에게 절대 손해가 아님을 깨닫고 자신의 모든 것을 줄 수 있을 정도로 상대방을 믿어야 한다. 자신이 성장을 계속하는 이상 남에게 베풀어야 한다는 점을 명심해야 한다.

상대방에게 자리를 빼앗길지 모른다는 염려는 전혀 도움이 되지 않는다. 태도를 올바른 방향으로 바꾸었으면 실제로 권한을 부여할 준비가 된 셈이다. 권한을 부여할 때에는 처음에는 작고 단순한 일부터 맡기고 점점 책임과 권한의 강도를 높여야 한다. 물론 미숙한 사람일수록 그 과정에 걸리는 시간이 길다. 하지만 신입사원이든 노련한 베테랑이든 차근차근 과정을 밟아가는 것이 중요하다. 권한을 부여할 때는 다음의 단계들을 활용하라.

1. 평가하라

권한 부여의 첫 번째 단계는 '평가'evaluate이다. 경험이 부족한 사람에게 너무 많은 권한을 주면 실패할 수 있기 때문이다. 반면 경험이 많은 사람에게 계속해서 작은 권한만을 주면 좌절감을 느끼고 사기가 떨어질 수 있다.

리더가 상대방의 능력을 잘못 판단하면 우스운 상황이 발생할 수 있다. 그 예로 앨버트 아인슈타인의 경험을 살펴보자. 1898년 아인슈타인은 뮌헨 공대Munich Technical Institute에 지원했지만 "대성할 수 없다."는 이유로 거절을 당했다. 그래서 학교 대신 스위스 베른의 스위스 특허 사무소Swiss Patent Office에서 하급 심사관으로 일하게 되었다. 그리고 남는 시간에는 혼자서 상대성 이론을 다듬었다.

누구에게나 성공의 가능성이 있음을 명심하라. 그리고 그 잠재력을 끌어내기 위해 부족한 부분을 채워주어라. 권한 부여의 대상을 평가하면서 특히 다음의 영역이 부족한지 확인하라.

- 지식 권한을 제대로 활용하기 위해 상대방이 알아야 할 것들에 관해 생각해보라. 여러분이 아는 것을 상대방도 알 것이라고 속단하지 말라. 먼저 질문을 던져라. 그리고 배경 지식을 제공하라. 어떻게 해야 조직의 임무 및 목표 달성에 도움을 줄 수 있는지 비전을 제시하라. 지식은 나누어줄 때 진정한 가치가 있는 것이다.

- 기술 상대방의 기술 수준을 평가하라. 능력도 없는데 책임을 맡는 것만큼 고통스러운 일도 없다. 과거의 모습뿐 아니라 현재의 모습을 유심히 관찰하라. 어떤 기술은 타고날 수 있지만 훈련이나 경험을 통해 배워야 하는 기술도 있다. 권한을 부여할 때에는 해당 임무에 필요한 기술을 알아내고 상대방에게 그 기술이 있는지 확인해야 한다.

- 열정 그리스 철학자 플루타르크 Plutarch는 "가장 비옥한 땅에서는 최상의 풀이 자란다."고 말했다. 어떤 기술이나 지식, 잠재력도 성공을 향한 열정만큼 중요하지 않다. 열정이 있을 때 권한 부여는 순조롭게 이루어진다. 그래서 17세기 프랑스 수필가 쟝 라 퐁텐느 Jean La Fontaine는 이렇게 말했다. "인간은 그 영혼에

불이 붙으면 불가능을 사라지게 만드는 존재이다."

2. 모범을 보여라

지식과 기술, 열정을 가진 사람이라도 권한을 부여받은 후 무엇을 해야 할지 모를 수 있다. 그런 사람에게는 행동으로 보여주는 것이 최선이다. 사람은 보는 대로 행동한다. 콜로라도 산악 지대 농가의 한 소년에 관한 짤막한 우화가 이 점을 잘 보여주고 있다.

> 어느 날 소년은 높은 곳에 올라 알이 담긴 독수리 둥지를 발견했다. 소년은 어미 독수리가 자리를 비운 사이 알을 하나 꺼내 농장으로 가져왔다. 그리고 암탉이 품은 달걀들 사이에 그 알을 놓았다. 어느새 병아리들이 달걀을 깨고 나오자 새끼 독수리도 알을 깨고 나왔다. 세상에 나온 그 새끼 독수리는 자기가 병아리인 줄로만 알고 있었다. 그래서 마당을 헤치며 낱알을 찾아다녔고 병아리 소리를 내려고 무진 애를 썼다. 별로 높지 않은 울타리를 넘을 생각은 조금도 하지 않고 그저 걸어다니기만 했다.
> 세월이 흐르자 새끼 독수리는 다른 병아리와 어미 닭보다 훨씬 몸집이 커졌다. 그러던 어느 날 독수리 한 마리가 마당으로 날아들었다. 새끼 독수리는 그 독수리가 울부짖으며 커다란 발톱으로 마당의 토끼를 채가는 광경을 보았다. 바로 그 순간 새끼 독수리는 문득 자기가 다른 병아리와는 다르다는 생각이 들었다. 그리고는 아무 생각 없이 날개를 펴고 그 독수리를 따라 하늘로 날아

올랐다. 다른 독수리가 나는 모습을 보기 전에는 상상도 할 수 없던 일이다.

사람도 그 새끼 독수리와 크게 다르지 않다. 누군가가 성공하는 모습을 보아야 자신도 성공할 수 있는 것이다. 그 모습을 보여줄 수 있는 사람은 다름 아닌 바로 여러분이다. 상대방에게 권한을 부여했으면 그에게 여러분의 일하는 모습을 보여주어라. 여러분이 원하는 바를 가르치고 이해시키기 위해 그보다 좋은 방법은 없다.

3. 성공에 대한 확신을 불어넣어라

모든 사람이 성공을 원하고 알아서 노력할 것이라 생각하면 오산이다. 그렇지 않은 사람도 분명 있다. 따라서 상대방에게 성공할 수 있다는 확신을 불어넣을 뿐 아니라 여러분이 그의 성공을 원하고 있음을 말해주어야 한다. 그 방법은 다음과 같다.

- 기대하라 작가이자 전문 연설가인 데니 콕스 Danny Cox는 이렇게 말했다. "전염성이 있는 열정을 가지고 있으면 행동까지도 전염된다는 사실을 명심해야 한다." 사람은 상대방의 말이나 행동 이면에 있는 마음자세를 금세 알아챈다. 그러므로 겉으로 상대방의 성공을 기대하는 척하면서 속으로 의심하지 말라. 진심을 다해 기대하라.

- 말로 표현해라 상대방에 대한 신뢰와 기대를 말로 표현해야 한

다. 성공할 수 있다고 자주 말하라. 한마디로 성공을 예언하는 선지자가 되라.

- **계속해서 격려해라** 상대방에 대한 신뢰는 아무리 자주 표현해도 지나치지 않다. 리더십 전문가 프레드 스미스Fred Smith는 격려가 몸에 밴 사람이었다. 그는 이렇게 말하고 있다. "나는 상대방의 성공을 위해 더 큰 포부를 심어준다. 예를 들면 '정말 훌륭합니다.'라고 말해주고 나서 내일 또 찾아가 칭찬하면서 이렇게 말하는 것이다. '작년에 당신은 그 일을 해낼 수 있을지 자신이 없었을 것입니다. 하지만 당신은 해냈습니다. 내년에는 얼마나 많은 성과를 거둘지 기대가 되는군요.'"

상대방의 성공을 진심으로 원하고 돕기 위해 최선을 다하면 상대방도 그것을 모르지 않는다. 그리고 주어진 일을 해낼 수 있다는 자신감을 갖기 시작한다.

4. 권한을 넘겨주어라

권한 부여의 핵심은 권위, 즉 영향력을 넘기는 것이다. 누구나 타인에게 책임을 나누어줄 용의는 있다. 누구나 기꺼이 업무를 나누어준다. 하지만 권한 부여는 단순히 책임만 부여하는 것이 아니라 힘과 능력까지도 나누어주는 것이다.

경영의 구루 피터 드러커는 이렇게 주장했다. "부하 직원이 강하고 유능해서 임원이 곤란에 빠지는 경우는 없다."

사람은 스스로 결정하고 행동하고 문제를 해결하고 도전에 직면해 보아야 강해지고 유능해질 수 있다. 리더의 권위 아래 혼자 일할 수 있는 능력을 배양해주는 일이 바로 권한 부여이다. 석유회사 시트고 CITGO의 회장이었던 알톤 존스 Alton Jones는 이런 의견을 제시했다.

"가장 훌륭한 성과를 거두는 사람은 가장 뛰어난 독불장군이 아니다. 오히려 동료의 두뇌와 재능을 최대한 활용하는 사람이다."

권한을 부여할 때는 극복할 수 있는 도전을 상대방에게 제시해라. 그러면 그는 자신감을 가지고 새로운 도전에 슬기롭게 대처할 것이다. 그리고 나서 점점 더 어려운 임무를 맡겨라. 대체로 상대방이 80퍼센트 이상 완수할 수 있는 수준의 임무를 맡겨라. 그런 식으로 점점 상대방이 거의 모든 도전을 극복할 수 있도록 만드는 것이 권한 부여의 최종 목표이다. 상대방이 영향력 있는 사람이 되어 여러분의 도움을 필요로 하지 않을 때까지 도전거리를 제시하라.

5. 상대방에 대한 신뢰를 공개적으로 인정하라

상대방에게 권위를 넘긴 직후에는 그에 대한 신뢰를 공개적으로 인정해야 한다. 공개적인 신뢰와 인정은 당사자에게만 효과가 있는 것이 아니다. 그를 지지하고 그에게 권위를 나누어주었다는 사실을 다른 동료들에게도 알리는 것이다. 이는 영향력을 타인에게 나누어주는 가장 확실한 방법이다. 나는 상대방에게 권한을 부여하고 그에 대한 신뢰를 공개적으로 인정하는 데 특별한 능력을 갖고 있다고 자부한다. 그리고 권한 부여에 관한 놀라운 경험을 한 적이 있다.

앞 장에서 댄 레일랜드와 내가 15년 동안 함께 일했다고 말했다. 처음 나와 함께 일했을 때 댄은 대학원을 갓 졸업한 수습 교역자였다. 그는 많은 재능을 갖고 있었지만 처음 하는 일이라 만만치가 않았다. 그래서 나는 그에게 역할 모델과 동기 부여, 멘토링 등 많은 도움을 주었고 그는 곧 일류 목사가 될 수 있었다.

몇 년 전 댄은 나의 중요한 동역자가 되었다. 새로운 프로그램을 계획하고 실행할 책임자가 필요할 때면 나는 댄을 불러 권한을 부여하고 전폭적인 신뢰를 보냈다. 또 권위를 나누어주었음은 말할 것도 없었다. 그러면 댄은 최선을 다해 그 프로그램을 마무리지었다. 그런 일이 여러 번 반복되자 나는 댄에게 매우 중요한 임무를 맡겼다. 이번에도 댄은 모든 과정을 책임졌고 또 다른 리더들을 키워냈다. 그리고 임무를 마친 다음에는 나를 찾아와 또 다른 일거리를 받아갔다.

1989년 댄이 나를 도와 일한 지 6~7년쯤 되었을 때 내게 행정 목사가 필요하게 되었다. 참고로 행정 목사란 일종의 최고 행정 책임자라고 생각하면 된다. 나는 그때 아무런 망설임도 없이 댄을 선택했다.

사람들 중에서 리더를 뽑을 때는 대개 시기하고 반대하는 사람들이 있게 마련이다. 하지만 나는 좋은 방법을 알고 있었다. 나는 댄에게 권위를 넘겨주면서 공개적으로 그를 칭찬하는 일을 잊지 않았다. 아울러 그에 대한 나의 전적인 신뢰를 보여주었다. 그렇게 되자 댄이 하는 말은 내 말이나 다름없게 되었다. 그 결과 동료들도 댄의 주위로 모여들었고 댄은 새로운 리더가 되었다.

리더를 키울 때에는 권한을 넘겨주고 그에 대한 신뢰를 그와 동료에게 보여주어야 한다. 그러면 곧 그가 성공하는 모습을 눈앞에서 직접 지켜볼 수 있을 것이다.

6. 피드백을 제공하라

물론 공개적인 칭찬이 중요하긴 하지만 솔직하고 건설적인 피드백이 병행되지 않으면 잘못된 결과를 낳을 수 있다. 상대방과 개인적으로 만나 실수와 잘못된 판단을 극복할 수 있도록 지도하라. 물론 처음에는 그러한 단점을 극복하기가 쉽지 않다. 그때는 격려가 필요하다. 다소 부족하더라도 칭찬해주고 도움을 주어라. 그러면 실제로 그런 칭찬을 받을 만한 사람으로 성장할 것이다.

7. 홀로 서게 만들라

직원이나 자녀, 동료, 배우자를 비롯해 누구에게 권한을 부여하든 그 최종 목표는 혼자서도 결정을 내리고 성공을 거둘 수 있게 만드는 것이다. 한마디로 때가 되면 자유를 주라는 말이다.

에이브러햄 링컨 대통령은 휘하의 리더들에게 권한을 부여할 줄 아는 인물이었다. 예를 들어 링컨은 1864년 율리시스 그랜트Ulysses Grant 장군을 북부군 총사령관으로 임명할 때 그에게 이런 메시지를 보냈다.

"저는 당신의 계획을 알 필요도 없고 그럴 생각도 없습니다. 책임을 지고 행동하십시오. 그리고 도움이 필요할 때 저를 찾아오십시오."

바로 권한을 부여할 때 꼭 필요한 태도이다. 권위와 책임은 맡기고 필요할 때 도움을 주어라. 운 좋게도 짐 도넌과 나는 어린 시절 중요한 사람들에게서 권한을 부여받을 수 있었다. 나의 삶에 있어 가장 중요한 사람은 누가 뭐래도 아버지 멜빈 맥스웰 Melvin Maxwell일 것이다. 나의 아버지는 어린 나에게 최고가 되라고 항상 말했을 뿐 아니라 가능한 모든 권한을 일임했다. 나중에 이야기를 나누던 중 아버지는 다음과 같은 철학을 내비쳤다. "네가 도덕적으로 옳은 일을 하는 것을 알면서도 일부러 간섭한 적은 한 번도 없었다."

나는 아버지는 권한 부여의 가치를 잘 알고 있었다.

권한 부여의 결과

사업, 클럽, 교회, 가족을 비롯한 모든 조직의 리더에게 권한 부여는 매우 중요하다. 특히 권한 부여는 많은 유익을 가져온다.

첫째, 조직의 일원에게 자신감과 열정, 의지를 불어넣는다. 둘째, 리더 자신에게 더 나은 삶과 자유를, 조직에는 성장과 안정을 가져다준다.

로스앤젤레스의 도시 계획을 중재하는 파르진 마디지디 Farzin

Madijidi는 권한 부여에 대해 이렇게 정의했다.

"이제는 사람들에게 권한을 부여하고 다른 리더를 양성하는 리더가 필요하다. 모든 사람이 일하고 있는지 확인만 하는 경영자는 더 이상 필요 없다. 오늘날 모든 직원은 자신이 하고 있는 모든 일에 주인이 되어야 한다. 이러한 분위기를 조성하기 위해서는 직원에게 가장 직접적인 영향을 미치는 문제를 직원 스스로가 결정을 내리는 것이 중요하다. 그래야 최상의 결정이 나올 수 있다. 이는 또한 권한 부여의 핵심이기도 하다."

이런 의미에서 권한 부여야말로 이 경쟁 사회에서 남보다 앞서가는 조직이 되기 위해 가장 중요한 요소라고 말할 수 있다.

남에게 권한을 부여하면 거의 모든 측면에서 자신의 삶이 더 나아지는 걸 발견할 수 있다. 권한을 부여하면 자유가 생기기 때문에 자기 삶을 위해 더 많은 시간을 할애할 수 있다. 또 자신의 영향력이 높아지고 조직 전체가 발전하게 된다. 그리고 무엇보다도 권한을 부여받은 사람의 삶에 좋은 영향을 미치게 된다.

최근 짐 도넌은 수년 동안 자신이 동기 부여와 멘토링, 권한 부여를 통해 도움을 준 한 사람에게서 편지를 받았다. 그의 이름은 미치 살라였는데 다음은 그의 편지이다.

친애하는 짐,

선생님께서 영향력에 관한 글을 쓰신다고 들었습니다. 그래서 선생님과 사모님에 대한 깊은 존경과 애정을 표하기 위해 이렇게 펜을 들었습니다. 선생님께서 제 삶에 끼친 깊은 영향에 관해 말씀드리고자 합니다.

저는 선생님을 뵙기도 전에 녹음 테이프를 통해 처음으로 선생님의 영향을 받았습니다. 선생님의 비전과 긍정적인 태도, 헌신적인 믿음은 정말 대단했습니다. 또 삶과 그 장애물에 대한 사모님의 올바른 시각으로 인해 저는 세상을 새롭게 보게 되었습니다.

저는 선생님을 유심히 지켜보면서 선생님의 뛰어난 인품을 알게 되었습니다. 절로 존경하는 마음이 생겼고 저도 그런 인품을 갖고 싶었습니다. 그래서 선생님에 관해 더 많이 알고 깊은 관계를 맺어야겠다고 생각했습니다.

전에 저에게는 친한 사람이 없었습니다. 그래서 사람들과 어떻게 관계를 맺어야 할지 막막했습니다. 선생님도 알다시피 저는 아프리카에서 자랐습니다. 아버지는 그곳의 숲에서 작은 제재소를 경영하셨구요. 제 형과 누나는 항상 학교에 가 있었기 때문에 저는 항상 외톨이였습니다. 여덟 살이 되었을 때 저는 기숙 학교에 다니게 되었습니다. 그것이 교육에는 도움이 되었지만 자아상을 확립하는 데는 별로 좋지 않았습니다. 사실 저에게 패배감만을 안겨주었답니다.

이런 감정들 때문에 저는 어른이 되자 열심히 일해 제 자신을 증명해 보이려고 노력했습니다. 하지만 무슨 일을 해도 공허감만 남았어요. 더욱이 가장 중요한 일에서 실패하고 말았습니다. 바로 좋은 남편과 부모가 되는 일이었습니다.

하지만 가장 필요할 때 선생님께서 제 삶에 영향을 주셨습니다. 선생님께서는 실수와 실패에도 불구하고 저를 이해해주시고 받아주셨습니다. 저희 가족의 재정적 안정과 화목에 선생님의 도움이 무엇보다도 컸습니다. 이제는 제 삶 전체가 바뀌었습니다.

짐 도넌의 긍정적인 영향력은 미치 살라의 삶을 바꾸어 놓았다. 짐은 진실성의 역할 모델, 동기 부여, 멘토링 등을 통해 처음부터 끝까지 그를 도와주었다. 세월이 흘러 미치는 세계적인 수준의 영향력을 소유하게 되었다. 그는 사업과 대중 연설을 통해 매년 전 세계 20개국 이상의 수십만 명에게 감동을 주고 있다. 그리고 무엇보다도 그는 자신의 영향력을 이용해 또 다른 리더들을 키우고 있다. 남을 통해 자신의 영향력을 증식시키는 것, 바로 이것이 마지막 장의 주제이다.

| 영향력 점검표 |

권한을 부여하는 법

☐ **회사, 부서, 가족, 교회 등의 리더로서 책임을 나누어주기**

용기를 주고 싶은 사람이 있는가? 그렇다면 그 사람의 장점을 찾아 말해주어라.
만날 때마다 그에 대한 신뢰를 표현하라.
공식적으로 책임을 부여하기 전에 다음의 점검표를 이용해 철저한 계획을 세워라.

임무를 기술하라. _____
그 책임을 맡길 사람의 이름을 적어라. _____
그 임무에 필요한 지식은 무엇인가? _____
그 사람에게 그런 지식이 있는가?   ☐ 그렇다 ☐ 아니다
그 임무에 필요한 기술은 무엇인가? _____
_____
그 사람에게 그런 기술이 있는가?   ☐ 그렇다 ☐ 아니다
여러분이 시범을 보인 적이 있는가?   ☐ 그렇다 ☐ 아니다
그 사람에게 권위와 권한을 주었는가?   ☐ 그렇다 ☐ 아니다
그에 대한 신뢰를 공개적으로 표현했는가?   ☐ 그렇다 ☐ 아니다
그가 홀로 서게 될 날짜를 정했는가?   ☐ 그렇다 ☐ 아니다

책임을 부여할 때마다 이 과정을 되풀이해 제2의 천성으로 몸에 익혀라. 권한을 부여받은 사람이 성공을 거둔 다음에도 칭찬과 격려, 공개적인 신뢰로 계속해서 도움을 주라.

제 **10** 장

또다른 리더를 양성하라
Reproduces Other Influencers

어떤 면에서 미래의 리더를 키우는 일은
릴레이 경기에서 바통을 넘기는 것과 비슷하다.
릴레이 경기에서는 아무리 잘 달려도 다른 주자에게
바통을 넘기지 않으면 경기에서 지고 만다.

Reproduces Other Influencers

이 책의 시작 부분에는 영향력 있는 사람의 명단이 실려 있다. 그 중에는 짐 도넌과 나의 삶에 영향을 미친 사람으로 나의 7학년 때 주일학교 선생님인 글렌 레더우드가 있다. 또 에릭이 태어났을 때 짐과 낸시를 위로해주었던 제리와 패티 버몬트 부부도 있다. 우리의 인생에는 이 외에도 영향력 있는 인물이 많이 있었다. 그러나 우리에게 영향을 미쳤을 뿐 아니라 우리를 영향력 있는 인물로 만든, 가장 중요한 사람이 있다. 나의 경우 아버지 멜빈 맥스웰에게서 가장 큰 영향을 받았다. 내가 뛰어난 리더가 되는 데에는 누구보다도 아버지의 도움이 컸다. 그런가 하면 짐 도넌의 경우에는 리치 디보스 Rich DeVos가 바로 그런 인물이다. 짐이 디보스에게서 어떤 영향을 받았는지 살펴보자.

나는 대가족 속에서 자랐다. 그래서 부유하지는 않았지만 많은 사랑을 받았다. 우리 아버지는 정치와 경제에 별로 관심이 없었고, 아버지의 유일한 소망은 내가 대학에 가서 좋은 직장을 얻는 것이었다. 그러나 이십대가 된 어느 날 나는 리치 디보스의 연설을 처음 듣고 완전히 매료되었다.

그 연설로 나는 전혀 새로운 패러다임에 눈을 뜨게 되었다. 그것은 바로 자유 기업 체제와 개인주의, 꿈, 자유, '인정 많은 자본주의'였다. 또한 디보스는 신앙에 관해 이야기했고 진실성과 열정을 가진 삶을 역설했다. 개인적 성취에 대한 그의 명쾌한 메시지만큼 감동적인 철학은 한 번도 들어보지 못한 것이었다. 이후 나는 완전히 바뀌었다.

리치 디보스는 세계에서 가장 영향력이 큰 사업가 중 하나이다. 그는 암웨이Amway 사의 창립자이자 전 사장이며 NBA의 올랜도 매직 팀을 소유하고 있다. 또한 가스펠 영화사 Gospel Films 와 디보스 재단 DeVos Foundation 의 사장으로 여러 회사의 사장과 영향력 있는 리더들에게 비즈니스에 관한 조언을 해주고 있다. 짐에게 리치 디보스는 리더이자 멘토였으며 수년 동안 함께 한 친구였다.

리치 디보스는 언젠가 홀로 설 수 있는 리더를 키우는 일에 큰 가치를 두고 있다. 어떤 면에서 미래의 리더를 키우는 일은 릴레이 경기에서 바통을 넘기는 것과 비슷하다. 릴레이 경기에서는 아무리 잘 달려도 다른 주자에게 바통을 넘기지 않으면 경기에서 지고 만다. 그러나 잘 달리는 사람이 다른 뛰어난 주자를 발굴해 훈련시키고 자연스럽게 바통을 넘기면 경기에서 이길 수 있다. 영향력이라는 주제에서는 그런 과정을 '확장'multiply 이라고 부른다.

확장의 힘

짐 도넌과 나는 많은 사람과 관계를 맺으면서 이미 바통 넘기는 방법을 터득했다. 우리는 이 책의 저자로서 이제 그 바통을 여러분에게 넘기기를 원한다. 지금까지 이 책의 내용대로 했다면 여러분은 달리는 법을 이미 배운 셈이다. 여러분은 진실성의 모범을 보이는 일이 얼마나 중요한지 알고 있다. 그리고 양육, 상대방에 대한 신뢰, 귀를 기울이고 이해하는 자세를 통해 동기를 유발할 수 있게 되었다. 또 멘토링을 통해서만 상대방이 진정으로 성장할 수 있다는 점을 알고 있다. 즉 성장시키고 함께 인생의 어려움을 극복하면서 항해하고 관계를 맺고 권한을 부여해야 한다.

이제 여러분은 뛰어난 주자가 되었다. 아울러 누군가를 멘토링했으면 또 한 명의 뛰어난 주자가 탄생한 것이다. 이제 바통을 넘길 때이다. 하지만 여러분이 또 다른 주자에게 바통을 넘기지 않으면 경기는 끝나고 만다. 바통을 받지 못한 그 주자는 뛸 이유를 상실하고 그와 함께 운동력도 사라진다.

그것이 영향력 있는 사람이 되기 위해서 자기가 받은 긍정적인 힘을 널리 퍼뜨리는 일이 매우 중요한 이유이다. 여러분의 조직에서 여러분을 따를 뿐 아니라 또 다른 사람에게 영향을 미치고 도움을 줄 수 있는 리더가 탄생할 때 다음과 같은 유익이 있다.

- 매우 특별한 영향력을 발휘할 수 있다

영향력을 발휘할 가능성이 없는 사람에게 영향력을 발휘해봐야 큰 유익이 없다. 반면 훌륭한 리더에게 영향을 미치면 그 리더의 주위에 있는 모든 사람에게 간접적으로 영향을 미칠 수 있다. 이러한 효과가 바로 확장이다(참고로 존 맥스웰의 《리더십의 법칙》Developing the Leaders within You은 확장이라는 개념을 더욱 심도 있게 다루고 있다). 요컨대 영향력이 커질수록 점점 더 많은 사람에게 도움을 줄 수 있다.

- 또 다른 리더의 잠재력이 커진다

또 다른 리더의 리더십이 성장하면 그 잠재력도 커진다. 사람마다 성과를 거두고 영향력을 발휘할 수 있는 능력에 한계가 있지만 리더십을 이해하고 원리를 실천하는 사람은 그 한계를 극복할 수 있다. 더 나아가, 또 다른 리더를 양성하는 사람은 거의 무한한 잠재력을 갖게 된다. 물론 리더십을 무시한 채 혼자서 행동하는 사람도 나름대로 큰 성과를 거둘 수 있다. 하지만 또 다른 리더를 키우는 리더에 비하면 조족지혈이다.

- 자원이 풍부해진다

또 다른 리더를 양성하면 여러분의 자원은 훨씬 풍부해진다. 예를 들어 일거리를 나누어주고 권한을 부여하면 자신만의 시간을 벌 수 있다. 또 리더십을 배운 부하 직원은 더욱 현명하고 가치 있는 일꾼으로 성장한다. 아울러 여러분은 자신이 양성한 모든 리더로부터 개인적인 충성심까지 보너스로 얻을 수 있다.

• 조직의 밝은 미래가 보장된다

앨런 버나드 Alan Bernard 는 리더를 키우는 일을 이렇게 표현했다.

"훌륭한 리더의 주위에는 특정 분야에서 오히려 그보다 뛰어난 사람들이 있다. 그것이 진정한 리더십이다. 특정 분야에서 자신보다 뛰어난 사람을 고용하기를 두려워 말라. 그들은 해는커녕 조직의 발전에 도움이 될 뿐이다."

또 다른 리더를 양성하면 조직이 발전할 뿐 아니라 조직의 밝은 미래가 보장된다. 그러나 조직의 한두 사람만 리더십을 발휘할 수 있는 경우에는 그 리더가 은퇴하거나 무슨 일이 생기면 조직의 번영도 사라진다. 심지어 성장 자체가 멈출 수도 있다.

1995년에 나는 조직의 리더가 또 다른 리더들을 양성하고 권한을 부여한 다음 그 조직을 떠났을 때 어떤 일이 벌어지는지 생생하게 목격할 수 있었다.

나는 스카이라인 웨슬리 교회에서 14년 동안 리더로서 미래의 리더들을 양성한 뒤 담임 목사를 사임했다. 그리고 나서 리더십 성장과 개인적인 발전을 위해 세미나와 자료를 제공하는 회사인 인조이에만 전념을 다할 수 있었다. 내가 스카이라인 교회를 떠난 뒤에 어떤 일이 벌어졌을까?

스카이라인 교회는 내가 떠난 후에도 변함없이 성장했다. 스카이라인 교회를 떠난 지 1년쯤 되었을 때 나는 인조이에서 근무하는 제인 한센 Jayne Hansen으로부터 편지를 한 통 받았는데 그녀의 남편은 스카이라인 교회에 재직 중이었다. 다음은 그 편지의 내용이다.

> 친애하는 존 목사님께
>
> 목사님께서 떠나신 뒤에도 스카이라인 교회는 계속해서 성장했습니다. 모두 목사님의 뛰어난 리더십과 헌신적인 목회 덕분입니다. 목사님이 맺으신 열매를 볼 때마다 "말을 행동으로 옮겨라."는 속담이 실감납니다. 저는 목사님의 가르침이 모두 옳았다는 사실을 누구에게라도 자신 있게 이야기할 수 있습니다. 자신의 삶을 쏟아부은 대상이 자신이 떠난 사이에 열매를 맺었을 때의 자랑스러움은 이루 말할 수 없습니다. 하지만 자신이 떠났을 때 노력의 열매를 맺지 않으면 이 얼마나 큰 수치입니까?
>
> 우리에게 목사님의 귀한 삶을 쏟아부어 주신 것에 깊이 감사드립니다.
>
> 당신의 친구 제인

또 다른 리더를 멘토링하고 그의 리더십 잠재력을 일깨워주면 여러분의 조직과 여러분의 주위 사람 그리고 바로 여러분에게 큰 변화를 가져올 수 있다.

영향력을 확장시킬 잠재력을 깨워라

누구나 또 다른 리더를 양성함으로써 영향력을 확장시킬 잠재력을 갖고 있다. 여러분 안의 그 잠재력을 일깨우기 위해 다음의 원칙들을 삶의 일부로 삼아라.

자신을 지도하라

누군가를 이끌려면 먼저 자신을 지도할 수 있어야 한다. 자신에게 없는 것을 타인에게 전달할 수는 없기 때문이다. 치킨 샌드위치 전문 체인점인 칙 필에이Chick-Fil-A의 설립자 트루엣 케시Truett Cathy는 이렇게 말했다. "리더가 성공하지 못하는 첫 번째 이유는 자신을 지도하지 못하기 때문이다."

흔히 '셀프 리더십'self-leadership 하면 진실성, 적절한 우선순위, 비전, 자기 절제, 문제 해결 능력, 긍정적인 태도 등 여러 가지 자질이 머리에 떠오른다. 물론 개인의 발전을 위한 열정과 계획이 이러한 자질 계발에 도움이 될 수 있지만 리더가 되기 위해 가장 힘든 장애물은 바로 자기 자신이다. 이 문제에 관해 미국의 저명한 작가이자 심리학자인 셸던 코프Sheldon Kopp는 "가장 치열한 전쟁은 자기 자신 속에서 이루어진다."라고 말하지 않았던가.

자신의 성장과 리더십 계발을 위해 계획을 세웠다면 오늘 당장 시작하라. 강연 테이프를 듣고 컨퍼런스에 참석하고 좋은 책을 읽어라. 매주 개인적인 성장을 목표로 삼고 매일 노력한다면 당신도 훌류한 영향력 확장자가 될 수 있다. 19세기 신학자 H. P. 리돈H. P. Liddon은 개인적인 성장과 전파의 이러한 관계를 알고 "우리가 큰일을 할 수 있을지는 현재 자신의 모습에 달려 있다."고 말했다. 이처럼 먼저 자신이 발전해야 더 큰 일을 해낼 수 있다.

미래의 리더를 찾는 데 집중하라

노트르담 미식축구 팀의 전 수석코치인 루 홀츠는 코치라는 직업에 관해 이렇게 말했다. "만약 뛰어난 선수를 영입해 팀을 승리로 이끌었다면 코치가 누구인지는 상관하지 않는다."

개인이나 직업과 관련된 삶에서도 마찬가지이다. 즉 또 다른 리더를 양성하기 위해 가르치는 일도 중요하지만 뛰어난 리더십 잠재력을 가진 사람을 발굴하는 일이 우선이다. 기업가 앤드류 카네기는 "모든 일을 혼자 하려고 하거나 모든 공을 가로채려는 사람을 훌륭한 리더로 만들기란 불가능하다."고 강조했다. 따라서 리더십 잠재력이 뛰어난 사람을 찾아야 한다.

"학생이 준비되면 선생은 자연스럽게 나타난다."는 말이 있지만 선생이 준비되면 학생이 나타난다는 것 또한 사실이다. 리더로서의 자질을 계속 계발한다면 여러분은 곧 다른 리더를 양성할 수 있는 위치에 설 것이다. 뛰어난 양성자reproducer가 되고 싶다면 리더십 잠재력이 가장 높은 사람을 발굴하라.

팀을 우선하라

미래의 리더 양성에 뛰어난 사람은 자신보다도 팀의 발전을 먼저 생각한다. 나와 함께 인조이 사에서 일하는 한 직원은 "누군가로부터 존경을 받고 싶어하는 리더들이 많이 있다. 하지만 위대한 리더의 목표는 사람들이 자존을 갖도록 돕는 것이다."라고 말했다.

빌 러셀Bill Russell은 재능이 뛰어난 농구 선수이다. 많은 사람들은 그가 프로 농구 역사상 최고의 팀 플레이어 중 하나가 될 것이라고 생각하고 있다. 언젠가 러셀은 이런 말을 했다.

"내가 나의 플레이를 평가하는 주요 기준은 팀 동료의 플레이를 얼마나 잘 도왔는지이다."

위대한 양성자가 되기 위해 꼭 필요한 자세이다. 항상 개인보다 팀이 우선이다.

여러분은 자신을 팀 플레이어로 생각하는가? 여러분이 팀을 잘 돕고 있는지 확인하기 위해 다음 질문들에 답해보자.

팀을 우선시하는지 확인하기 위한 일곱 가지 질문

1. 나는 상대방에게 가치를 더해 주는가?
2. 나는 조직에 가치를 더해 주는가?
3. 나는 성공했을 때 그 공을 즉시 타인에게 돌리는가?
4. 우리 팀이 계속 새로운 멤버를 영입하고 있는가?
5. 나는 '벤치에 앉아 있는' 선수들을 최대한 활용하는가?
6. 팀의 많은 사람들이 중요한 의사 결정에 계속해서 참여하는가?

7. 우리 팀은 스타 양성보다 승리를 강조하는가?

"아니오."라고 대답한 항목이 많다면 팀에 대한 여러분의 마음가짐을 다시 점검해야 한다. "가장 뛰어난 리더는 상대방의 지식과 능력이 결국 자신을 능가하도록 만든다."는 말이 있다. 미래의 리더를 양성해 영향력을 널리 퍼뜨리려는 여러분의 마음가짐이 바로 이러해야 한다.

추종자가 아닌 리더를 양성하는 일에 헌신하라

오늘날 미국은 리더십의 위기를 맞고 있다. 얼마 전 미국의 정치적 성향이 강한 잡지인 《뉴 리퍼블릭》New Republic의 한 기사에서 이 문제를 다루었는데 거기에는 이런 내용이 있었다.

"200년 전 작은 공화국의 황무지에서 갑자기 제퍼슨Jefferson, 해밀턴Hamilton, 메디슨Madison, 애덤스Adams 같은 인물들이 등장했다. 당시 총 인구는 불과 3백만 명에 불과했다. 한편 오늘날 미국의 인구는 3억이다. 과연 위대한 인물들은 어디에 있는가? 이 정도 인구라면 리더십과 관련 된 책에서 프랭클린Franklin과 같은 인물을 적어도 60명 정도는 찾아볼 수 있어야 한다. 하지만 아무리 눈을 씻고 찾아봐도 그런 인물이 보이지 않는다."

미국의 변호사이자 소비자 보호 및 환경 운동가였던 랠프 네이더 Ralph Nader는 이렇게 말했다. "리더의 역할은 추종자가 아닌 리더를 더 많이 양성해내는 것이다." 아마도 200년 전 사람들은 이런 진리를 잘 알고 있었던 듯하다. 그러나 오늘날에는 리더를 양성하는 일을 중요하게 여기지 않는다. 설상가상으로 이 일은 쉽지도, 간단하지도 않다. 특히 뛰어난 재능 덕분에 리더의 자리에 오른 사람에게는 더욱 그렇다. 그래서 경영의 구루 피터 드러커는 "어떤 일에 뛰어난 사람은 대개 그 방법을 남에게 알려주지 않으려고 한다."고 말했다.

미래의 리더를 양성하려는 사람에게 '헌신'이 꼭 필요한 이유가 바로 이 때문이다. 다시 한 번 강조하지만 모든 일의 성패는 리더십에 달려 있다. 리더를 키우고 권한을 부여할 때 여러분은 자신과 조직, 미래의 리더, 그 리더의 주위에 좋은 영향을 미칠 수 있다. 따라서 미래의 리더를 양성하는 일은 영향력 있는 사람의 가장 중요한 의무이다. 영향력 있는 사람이 되려면 그 의무에 헌신해야 한다.

현상유지에서 확장으로

많은 사람들이 현 상태만을 유지한 채 제자리걸음만 반복하며 살아가고 있다. 앞으로 나아가기보다는 기존의 영토를 빼앗기지 않으려고만 애쓰고 있는 것이다. 그러나 그런 삶은 도무지 발전이 없는 가장 수준 낮은 삶이다. 영향력 있는 사람이 되려면 성장하고, 확장하는 삶을 추구해야 한다. 가장 낮은 단계에서 시작해서 현상 유지와 확장 사이에 존재하는 다음 다섯 단계를 살펴보자.

1. 우왕좌왕

전체 리더의 약 20퍼센트 정도는 발전 과정에서 가장 낮은 단계의 삶을 살고 있다. 그들은 조직 내에서 다른 사람을 키우지 않기 때문에 정작 자신이 떠나고 나면 아무것도 남지 않는다. 그들은 새로 들어온 사람을 붙잡아두지 못한다. 그 때문에 이 단계를 '우왕좌왕'으로 명명했다. 그들은 한 사람이 견디지 못하고 떠나면 그 자리를 메울 다른 사람을 찾기 위해 우왕좌왕하며 시간을 허비한다. 소규모 사업의 소유주들은 대개 이 단계에 머물러 있다. 그런 조직의 사기는 점점 떨어져 오래지 않아 모두 지치고 만다.

2. 생존

발달 과정의 다음 단계는 생존 상태이다. 이 단계에 있는 리더는 다른 사람을 키우지 않지만 기존의 인력을 그럭저럭 붙잡아둘 수 있다. 전체 리더 중 약 50퍼센트는 이런 식으로 조직을 운영하고 있다. 그런 조직은 평범하고 그 직원은 만족을 느끼지 못하며 누구도 잠재력을 최대로 발휘하지 못한다.

이런 리더십 아래에서는 아무도 진정한 유익을 얻지 못한다. 게다가 더 나은 미래에 대한 아무런 약속이나 희망도 없이 모든 조직 일원이 그저 하루하루를 생존하기에 급급하다.

3. 다른 곳에 흡수되기

전체 리더의 약 10퍼센트는 다른 사람들을 뛰어난 리더로 만들기 위해 노력한다. 그러나 관계를 맺으려고는 하지 않는다. 그 결과 미래의 리더들은 다른 기회를 찾아 그 조직을 떠난다. 다시 말하면 다른 조직에 흡수되는 것이다. 이러한 상황은 대개 리더에게 좌절감을 안겨준다. 다른 조직의 리더에게 인재를 빼앗기고 그 자리를 메우기 위해 많은 시간을 허비해야 하기 때문이다.

4. 시너지

리더가 깊은 관계를 맺을 때 사람들은 훌륭한 리더로 성장하고 잠재력을 최대로 발휘한다. 그리고 그 조직에 뿌리를 내린다. 시너지라고도 부르는 이 효과는 부분의 합계보다 전체가 나음을 뜻한다. 이는 통합된 속에서는 부분이 서로 상승작용을 일으켜 에너지와 진전, 연속 성장의 효과를 창출하기 때문이다. 시너지 단계에 이른 조직은 사기가 넘치고 직업 만족도가 높다. 그리고 모든 사람이 유익을 얻는다. 리더의 약 19퍼센트만 이 단계에 있는데 아쉽게도 이 단계를 최고의 단계로 생각하고 있다.

5. 확장하기

시너지 단계에 도달해 있는 리더는 대개 더 이상의 발전을 시도하지 않는다. 더 높은 단계가 있는지 모르기 때문이다. 시너지의 다음 단계에 있는 확장하는 단계의 리더는 조직에 뿌리를 내리고 잠재력을 최대로 발휘하며 또 다른 리더를 양성할 수 있는 미래의 리더를 키워낸다. 바로 영향력이 확장되는 단계이다. 리더 중 오직 1퍼센트만 이 단계에 이르렀지만 그들의 성장과 영향력의 잠재력은 거의 무한대에 가깝다. 확장 단계에서 계속 노력하는 극소수의 리더는 세상을 바꾸어 놓을 수도 있다.

리더가 리더를 키우는 법

심리학자이자 베스트셀러 작가인 조셉 베일리Joseph Bailey 은 《하버드 비즈니스 리뷰》Harvard Business Review 에 게재한 논문에서 성공적인 리더의 조건에 관해 조사한 적이 있다. 30명 이상의 최고 임원을 대상으로 한 그 조사에 의하면 그들 모두가 멘토로부터 직접적인 영향을 받았다고 한다.[1] 조사 결과가 말해주듯 자신이 받은 긍정적인 영향력을 널리 퍼뜨리기 위해서는 멘토링이 필요하다.

병원 응급실에 가면 "지켜보고, 직접 해보고, 가르쳐라."는 간호사 지침을 볼 수 있다. 이는 기술을 빨리 배워 곧바로 환자에게 적용해 본 다음 또 다른 간호사에게 그 기술을 전해주라는 말이다.

리더 양성을 위한 멘토링 과정도 이와 비슷하다. 미래의 리더를 발굴해 양성하고 권한을 부여하는 과정 곧, 영향력 있는 사람이 되는 길을 보여준 다음 또 다른 리더의 양성을 위해 자유롭게 놓아주는 과정이 바로 멘토링이다. 쉽게 말해 더 큰 성공의 씨앗을 뿌리는 일이다. 영국 출신의 저명한 소설가 로버트 루이스 스티븐슨Robert Louis Stevenson 은 이렇게 말했다. "거둬들인 수확이 아니라 뿌린 씨앗으로 하루를 평가하라."

이제 영향력 있는 사람이 되어 누군가의 삶에 긍정적인 영향을 미치기 위해 무엇이 필요한지 모두 살펴보았다. 지금까지 배운 내용을 마지막으로 요약해보면 다음과 같다.

- 만나는 사람마다, 매순간 진실하라.
- 주위 사람들이 자기 자신을 가치 있게 여길 수 있도록 양육하라.
- 그들을 믿어줌으로써 자신감을 심어주어라.
- 그들의 말에 귀를 기울여 더 좋은 관계를 형성하라.
- 그들을 이해해줌으로써 그들의 꿈을 실현하는 데 도움을 주어라.
- 그들이 잠재력을 계발하도록 성장시켜라.
- 그들이 홀로 설 수 있을 때까지 함께 항해하라.
- 그들이 더 높은 단계로 나아갈 수 있도록 특별한 관계를 맺어라.
- 그들의 잠재력 실현을 위해 권한을 부여하라.
- 여러분의 영향력이 누군가를 통해 계속 성장할 수 있도록 또 다른 리더를 양성하라.

우리는 이 과정을 단순히 원리나 방법으로 방치해둔 것이 아니라 수년 동안 실제 삶에 적용해보았다. 즉 타인에게 자신의 삶을 쏟아

부었고 계속해서 더 큰 도움을 주기 위해 노력했다. 자신의 영향력 덕분에 다른 이의 삶이 변하는 모습을 보는 것이 그들의 가장 큰 기쁨이었다. 짐 도넌이 겪은 일화를 통해 그들의 역할과 보람을 잘 느낄 수 있다.

영향력 있는 사람이 되어 누릴 수 있는 최대의 기쁨은 자신의 눈앞에서 타인의 삶이 변하는 모습을 지켜보는 것이다. 앞에서 영향력 있는 사람이 된 미치 살라에 관해 이야기한 것을 기억하는가? 하지만 미치 살라는 거기에서 멈추지 않았다. 그는 영향력 있는 사람을 뛰어넘어 훌륭한 전파가가 되었다.

그가 양성한 리더 중 특히 뛰어난 사람은 로버트 앙카사이다. 인도네시아 출신의 앙카사는 시드니 대학에서 석사 학위를 취득한 후 시티은행에서 근무했다. 그리고 서른 살이 되어서는 시티은행 자카르타 지점의 부사장으로까지 승진했다.

원래 앙카사는 모든 일에 항상 열심이었다. 학교 택시를 운전했고, 음식점 주방에서 일했으며 콘서트가 끝난 후 공연장을 청소하는 등 안 해본 일이 없을 정도였다. 하지만 몇 년 전 미치 살라를 만나면서 그의 삶은 크게 바뀌기 시작했다. 미치 살라는 앙카사에게 관심을 갖고 동기 유발과 멘토링, 권한 부여를 통해 그를 영향력 있는 사람으로 만들었다.

앙카사는 다음과 같이 말한다.

"미치와의 만남은 내 인생의 전환점이었다. 처음에는 미치가 그저 친절한 사람인 줄만 알았다. 하지만 만나면 만날수록 그를 닮고 싶어졌다. 미치는 나에게 진실성과 노력을 통해서만 성공할 수 있다는 진리를 가르쳐주었다. 이제 나는 새로운 삶의 달콤함을 맛보고 있다. 열심히 일한 덕분에 재정적으로 안정되었을 뿐 아니라 더 나은 인격의 소유자가 되었다. 남을 도울 때 얻는 기쁨과 만족은 말로 표현할 수 없을 정도였다. 이제 나는 더 나은 인간이자 남편, 가족 일원이 되었다. 모두 미치 덕분이다. 그는 나의 멘토이자 친구이며 부모이다. 미치를 통해 하나님께서 주신 모든 축복에 너무 감사할 따름이다. 이제 나는 다른 사람들에게도 더 나은 삶을 선사하고 싶다. 미치에게 수백 번 감사한다는 말을 해도 모자랄 것이다."

현재 앙카사는 인도네시아와 말레이시아, 중국, 필리핀 등지에서 수천 명의 삶에 영향을 미치고 있다. 그는 미치가 멘토링하고 있는 여러 경제계 리더의 한 사람이며 그의 영향력은 지금 이 시간에도 성장하고 있다.

여러분도 로버트 앙카사나 미치 살라, 짐 도넌과 똑같은 잠재력을 갖고 있다. 다시 말해 영향력 있는 사람이 되어 많은 사람의 삶에 영향을 미칠 수 있다. 하지만 그 잠재력은 적극적으로 계발하지 않으면 어디까지나 잠재력일 뿐이다. 여러분이 어떻게 하느냐에 따라 잠재력을 계발해 영향력 있는 사람이 될 수도 있고 그저 꿈꾸는 데서 머무를 수도 있다. 선택은 여러분의 몫이다.

짐 도넌은 미치에게 바통을 넘겨주었다. 그리고 미치는 앙카사를 발굴해 달리는 법을 가르친 다음 그 바통을 다시 넘겨주었다. 지금 앙카사가 바통을 갖고 달려오고 있고 한 바퀴가 더 남아 있다. 바로 여러분의 차례이다. 손을 뻗어 바통을 받고 경주를 끝내라.

여러분만이 해낼 수 있다. 영향력 있는 사람이 되어 세상을 바꿀 시간이다. 망설이지 말고 지금 당장 결심하고 시작하라.

| 영향력 점검표 |

또 다른 리더를 키우는 법

☐ **자신의 리더십 잠재력을 계발하라**
자신의 리더십 잠재력을 끊임없이 계발해야 타인에게 리더십을 가르칠 수 있다. 성장을 위한 계획을 아직까지 실천하지 않았다면 지금 당장 시작하라. 다음 석 달 동안 매주 검토할 테이프와 책, 잡지를 선택하라. 그러한 습관을 들일 때만이 성장이 가능하다.

☐ **리더로서 잠재력을 가진 사람을 발굴하라**
주위 사람들을 성장시키고 권한을 부여하다보면 미래의 리더가 될 인물이 나타난다. 그 중 가장 잠재력이 뛰어난 사람을 선택해 특별히 멘토링하고 더 수준 높은 리더십 기술을 가르쳐라. 단, 자신의 성장을 원하고 미래의 리더십을 키우는 데 적극적인 사람이어야 한다.

☐ **단순한 업무 수행이 아니라 리더가 되는 법을 가르쳐라**
선택한 사람과 최대한 많은 시간을 보내며 리더십의 모범을 보여라. 매주 시간을 내어 교육과 자료 제공, 세미나 참여 등을 통해 그 사람의 리더로서의 잠재력을 끌어내라. 그의 리더로서의 잠재력을 극한까지 끌어내기 위해 최대한의 도움을 주어라.

☐ **널리 확장하라**
그 사람이 훌륭한 리더가 되면 멘토링할 대상을 선택하게 한 다음 그를 놓아주어라. 그리고 여러분도 또 다른 미래의 리더를 찾아 위의 과정을 반복하라.

| 참고문헌 |

서문

1. John C. Maxwell, *Developing the Leader Within You* (Nashville: Thomas Nelson, 1993), 5-12.
2. Brad Herzog, *The Sports 100: The One Hundred Most Important People in American Sports History* (New York:MacMillan,1995),7.

제1장

1. Stephen R. Covey, *The Seven Habits of Highly Effective People: Restoring the Character Ethic* (New York:Simon and Schuster, 1989).
2. Proverbs 22:1 NIV.
3. Donald T. Phillips, *Lincoln on Leadership: Executive Strategies for Tough Times*(New York: Warner Books, 1992), 66-67.
4. Bill Kynes, "A Hope That Will Not Disappoint," quoted in *Best Sermons 2* (New York: Harper and Row, 1989), 301.

제2장

1. Everett Shostrom, *Man the Manipulator*.
2. *Bits and Pieces*.
3. Jack Canfield and Mark Victor Hansen, "All the Good Things," in *Chicken Soup for the Soul* (Deerfield Beach, Fla.: Health Communications, 1993), 126-28.

4. Arthur Gordon, "The Gift of Caring," in *A Touch of Wonder*.
5. Greg Asimakoupoulos, "Icons Every Pastor Needs," *Leadership*, fall 1993, 109.
6. Dennis Rainey and Barbara Rainey, *Building Your Mate's Self-Esteem* (Nashville: Thomas Nelson, 1993).

제3장
1. 1 Samuel 17:32-37 NIV.

제4장
1. Quoted by Fred Barnes in the *New Republic*.
2. David Grimes, (Sarasota, Florida) *Herald-Tribune*.
3. Brian Adams, *Sales Cybernetics* (Wilshire Book Co., 1985), 110.
4. Eric Allenbaugh, *Wake-Up Calls* (Austin: Discovery Publications, 1992), 200.

제5장
1. M. Michael Markowich, *Management Review*, cited in *Behavioral Sciences Newsletter*.
2. Art Mortell, "How to Master the Inner Game of Selling," vol. 10, no. 7.
3. Ecclesia 4:9-12 NIV.
4. Robert Schuller, ed., *Life Changers* (Old Tappan, N.J.:Revell).

제6장
1. Quoted in Og Mandino, *The Return of the Ragpicker*.

제7장
1. *Saturday Review*.

2. Quoted in advertisement, *Esquire*.
3. Mortimer R. Feinberg, *Effective Psychology for Managers*.
4. "The Top Problems and Needs of Americans," *Ministry Currents*, Janury–March 1994.
5. Tim Hansel, *Holy Sweat* (Waco:Word, 1987), 134.
6. Ernie J. Zelinski, *The Joy of Not Knowing It All* (Edmonton, Alberta, Canada: Visions International Publishing, 1995), 114.
7. David Armstrong, *Managing by Storying Around*, quoted in *The Competitive Advantage*.

제8장

1. Tom Peters and Nancy Austin, *A Passion for Excellence*.
2. Charles B. Ruth, *The Handbook of Selling* (Prentice-Hall).
3. Florence Littauer, *Personality Plus* (Grand Rapids: Revell, 1983), 24–81.
4. Carl Sandberg, *Lincoln: The Prairie Years*.

제9장

1. *The Nordstrom Way*, 15–16.

제10장

1. Joseph Bailey, "Clues for Success in the President's Job," *Harvard Business Review* (special edition), 1983.